国历集萃

铁血强人传奇

《国家人文历史》杂志社 主编

人民日报出版社

图书在版编目（CIP）数据

铁血强人传奇：国历集萃/《国家人文历史》杂志社主编.
— 北京：人民日报出版社，2016.7
ISBN 978-7-5115-4055-3

Ⅰ.①铁… Ⅱ.①国… Ⅲ.①人物－列传－世界－近代
Ⅳ.①K812.4

中国版本图书馆CIP数据核字(2016)第160661号

书　　名：**铁血强人传奇**
作　　者：《国家人文历史》杂志社

出 版 人：董　伟
责任编辑：周海燕　孙　祺
封面设计：杨　超

出版发行：人民日报出版社
社　　址：北京金台西路2号
邮政编码：100733
发行热线：(010)65369527　65369846　65369509　65369510
邮购热线：(010)65369530　65363527　65363003
编辑热线：(010)65369528　65363314
网　　址：www.peopledailypress.com
经　　销：新华书店
印　　刷：鸿博昊天科技有限公司

开　　本：710mm×1000mm　1/16
字　　数：128千字
印　　张：13
印　　次：2016年8月第1版　2016年8月第1次印刷

书　　号：ISBN 978-7-5115-4055-3
定　　价：49.80元

出版说明

2010年1月,由人民日报社主办的一本时政新闻类半月刊正式创刊,定名为《文史参考》。创作团队有这样一种理念——任何新闻在发生时就已经是历史,不去了解新闻背后的历史就无法真正理解新闻本身。

创作团队始终坚持自己的理念,以"真相、趣味、良知"为核心价值,以历史的眼光解读新闻,用新闻的视角看待历史。努力创造出有深度、有厚度、有历史感的新闻解读,给予读者一种全新的时政评论。在跄跟成长的过程中,这本刊物得到不少读者和友人的支持,一步步从青涩走向成熟。

2013年1月,《文史参考》更名为《国家人文历史》,突出"家国理想""人文精神"和"历史责任",明确了杂志的内容定位。从"真相、趣味、良知"到"人文家国、历久弥新",杂志始终秉承文化自觉、文化自信、文化自强的使命,在历史与现实之间寻找人文精神的支点,坚持以历史的视角解读新闻,用人文的精神关怀时代。

从创刊至今,《国家人文历史》已发行160期。6年以来,除了一直备受关注的封面故事,杂志的专题、话题、人物、尚武、唯物、旅行、视听等常规栏目也深受读者喜爱。这些年,不断有读者来信建议,希望杂志推出精华本,能够系统阅读每一段历史的同时,也便于保存和收藏。此次,应广大读者长期以来的要求,《国家人文历史》杂志社分别从"晚清军事集团""北洋枭雄沉浮""日本帝国末日""铁血强人传奇"这四个主题出发,精选6年以来发表过的精品文章集结成书。经过近半年的筛选和编纂,重磅推出这套《国历集萃》。今年这套书与广大读者见面后,我们还将于明年继续推出新的主题,敬请期待。

看一群叱咤风云的人,读四本人文历史的书。新颖的视角、精彩的文章,将带给您一个与众不同的阅读体验。我们相信,这套《国历集萃》一定会让诸位读者爱不释手。我们期待,它能够成为您手中的藏品。

目录 ▶ CONTENT

第一部分：拿破仑：王者归来

002　　　男神拿破仑
　　　　失意滑铁卢

005　　　缔造法兰西第一帝国的辉煌
　　　　波拿巴这个姓氏就是神话

016　　　革命激情　大众兵役　经济动员
　　　　拿破仑与战争艺术的革命

025　　　欧洲联合的尝试
　　　　波拿巴家的君主们

036　　　维多利亚之战
　　　　拿破仑的"西班牙溃疡"癌变

046　　　1812年俄法之战
　　　　拿破仑惨败的十要素

060　　　莱比锡之役
　　　　欧洲民族大会战

070　　　滑铁卢之战
　　　　法兰西第一帝国落幕

079　　　孤独的困兽
　　　　拿破仑最后六年

目录 ▶ CONTENT

087　半神与暴君之辩
　　　当文学青年化身文学形象

096　革命之"表木"还是"断送者"
　　　拿破仑在中国近代史的身影

第二部分：卡斯特罗：不死的革命者

104　卡斯特罗：
　　　20世纪最后的乌托邦革命者

118　"孤独英雄"背后的女人们

125　用中文高唱《东方红》　遗憾未能与毛泽东谋面
　　　卡斯特罗的中国缘

129　为曼德拉祝寿　帮马拉多纳戒毒
　　　卡斯特罗的四海朋友

第三部分：铁腕强人

135　世间堂皇之物，每每与堕落天使相仿
　　　俾斯麦不只是"铁血"

目录 ▶ CONTENT

147 穆巴拉克的末路悲歌
      从民族英雄到铁腕领袖

155 怪侠卡扎菲与他的利比亚"理想国"

167 既不要西方，也不要东方
      铁托与他的南斯拉夫

177 反美斗士查韦斯

185 一生致力于以色列国
      沙龙：犹太建国者的悲哀

193 头脑清楚的现实主义者
      昂山：勉为其难的国父

第一部分

拿破仑 王者归来

任何独裁者，无论是君主还是僭主，当他被打翻在地时，就意味着政治生命的终结。但是，拿破仑是一个异数。在第六次反法同盟的强大军事压力下，1814年4月6日，拿破仑被迫宣布退位。但是他很快卷土重来，这一次，他把自己的老本全部压上，再一次走上战场，准备与第七次反法同盟一决高下。整个法国都惴惴不安地等待着滑铁卢之战的结果。这位被打倒在地的独裁者，昔日的皇帝，他凭什么能够咸鱼翻身？又为什么功败垂成？

男神拿破仑
失意滑铁卢

文 | 纪彭

任何独裁者，无论是君主还是僭主，当他被打翻在地时，就意味着政治生命的终结。但是，拿破仑是一个异数。

在第六次反法同盟的强大军事压力下，1814年4月6日，拿破仑被迫宣布退位。这位欧洲霸主勉强获得了体面的结局——保留了皇帝的称号。

4月28日，拿破仑启程前往厄尔巴岛，整个欧洲都为此松了一口气，所有人都认为，昔日的皇帝只能在这个面积200多平方公里小岛上颐养天年了。

路易十八草草改造了拿破仑的皇家马车，涂上了波旁王朝的标志，进入巴黎。巴黎人将全部注意力放到了新国王身上，好像拿破仑从来没存在过，奥地利外交大臣梅特涅写道："人们都在谈论新国王，就好像现在是十四世纪一样。"

但是，民众对美好未来的预期很快就幻灭了。1814年的法国经济持续下滑，通货膨胀愈演愈烈。街上到处都是退伍老兵，有1.2万名前任政府官员和军官常常在咖啡馆聚会，回忆拿破仑时代的美好，密谋着拥护皇帝复辟。

当拿破仑得知法国人民对波旁王朝的黑暗统治非常不满，后来，他又得知反法联军的各国头头在维也纳开会，因为各怀鬼胎，反法同盟眼看瓦解，他笑了。最后，当听说路易十八拒绝向他支付养老金，甚至要把他迁移到更偏远的岛上时，他拍案而起！

他立即召集几个老部下，组建起约1000人的小型部队。1815年2月26日夜，拿破仑亲自统领这支部队，经过三天三夜的航行，于3月1日到达法国南部，在靠近戛纳的儒安港登陆。远在巴黎的路易十八听到这个消息后对侍从说："看来又要爆发一场革命了。"

据说，当波旁王朝的军队与拿破仑的人马遭遇，双方对峙，准备开枪时，拿破仑走出本阵，他站在两军之间，面对着对方士兵，扯开自己的大衣，高呼："如果你们想开枪射向你们的皇帝，快射吧！"但是，皇帝一手调教的军队，怎么能向皇帝开枪呢？

实际上，军队还是拿破仑的，从来不属于波旁王朝。路易十八连运输大队长都算不上,他不过是仓库保管员而已。拿破仑所到之处,士兵们闻风而动,纷纷加入,有的指挥官甚至不等拿破仑到来,就把自己的团队集中起来,高呼"皇帝万岁"。

接下来是法国舆论,笔杆子们更是见风使舵。当拿破仑进军巴黎时,有一家报纸在几天内所用的标题是这样变化的:第一天——"科西嘉的怪物在儒安港登陆"。第二天——"吃人的魔鬼向格腊斯前进"。第三天——"篡位者进入格勒诺布尔"。第四天——"波拿巴占领里昂"。第五天——"拿破仑接近枫丹白露"。第六天——"陛下将于今日抵达自己忠实的巴黎"。

在路易十八逃走后,拿破仑和他的追随者们昂首进入巴黎。一位国民卫队军官评论道:"拿破仑回巴黎,似乎就像是他'出去度了个假而已'。"

最后是巴黎人民,巴黎人以善于修建"街垒"和搞武装起义闻名于世。但这一次,巴黎人忘记了自己的本领。就在弹指一挥间,历史发生了惊人的大逆转,这种转变让拿破仑本人都很惊讶,他感叹道:"民众迎接我回来,与赶走波旁王朝都是那样轻易。"

在杜伊勒里宫里,侍从们忙碌起来,他们刚把拿破仑风格的地毯换成波旁王朝的百合花地毯,如今又得急急忙忙地换回来。就在几天前,在杜伊勒里宫的两位园丁,听说了拿破仑逃出厄尔巴岛后,欢呼道:"拿破仑万岁!"被告发后,处以死刑。为了迎接拿破仑,路易十八的(也是拿破仑的)警察头子富歇严查此事,又把告密者毙了!

拿破仑卷土重来,这一次,他把自己的老本全部压上,再一次走上战场,准备与第七次反法同盟一决高下。

整个法国都惴惴不安地等待着滑铁卢之战的结果。这位被打倒在地的独裁者,昔日的皇帝,他凭什么能够咸鱼翻身?又为什么功败垂成?

(《国家人文历史》2015年12期)

▲ / 1796年,意大利阿尔科勒战役中的拿破仑

/ 拿破仑一世身穿加冕长袍、戴皇冠的全身画像。1805年,弗朗索瓦·热拉尔作,2.23 x 1.43m

缔造法兰西第一帝国的辉煌
波拿巴这个姓氏就是神话

文 | 刘怡

"唔,这还真是个够小的岛啊!"1814年5月10日清晨,过去15年里法国最重要的人物穿着一身灰军装,勒马盘桓在厄尔巴岛的奥雷洛山之巅。若是以他1.68米的身高为基准,老天爷给他留下的东西其实已经很不少了:尽管刚刚蒙受了在众叛亲离之下退位的屈辱,过去20年间曾被他反复击败的那些敌人还是允许他保留"法国人的皇帝"的头衔和400人的卫队,并把厄尔巴岛的主权及赋税收入完全划归于他。这个地中海岛屿和他出生的科西嘉相距不远,当地人所操的方言更是与科西嘉乡音如出一辙,足以抚慰那位被迫与妻子和儿子分离的失意者的内心。他本人多少也流露出解甲归田的意愿,在前往厄尔巴岛途中,他曾公开表示:"愿以余下的人生致力于科学研究,而不是再度戴上某顶欧洲的皇冠。"

然而,就在登上奥雷洛山的第一秒钟,拿破仑·波拿巴改变了主意。厄尔巴岛的金质囚笼足以容纳一位普通将军,却装不下"革命的皇帝"。只有巴黎,西欧中心的巴黎,才能承载这位"奋起寒微"的帝王的全部理想和野心:那里有雄伟的杜伊勒里宫和荣军院,有胸披红色绶带的"荣誉军团",有综合理工学院,有《民法典》。在俄国和莱比锡的失败并未摧毁他的意志——既然他能在1799年奇迹般地逃出埃及、以救世主的姿态降伏整个法国,那么从这个地中海小岛脱笼而出同样只是时间问题。他在等待敌人们放松警惕,等待法国人对那位平庸的复辟君主生出嫌恶。

后革命时代法国民众对秩序的渴望、拿破仑对国家之法律和政治制度的完善,以及他用战争这种最激烈的形式追逐最大的国际政治目标的努力,共同缔造了法兰西第一帝国的辉煌。即使1815年的逆袭只持续了不到4个月的时间,依然有成千上万的法国人相信,"一个名叫拿破仑的人将会把一切美好的东西送还给他们"(马克思语)。1852年,另一位渡海归来的冒险家在法国复辟帝制,只因为他是前一位拿破仑的侄儿——这个姓氏本身就构成了一个神话。

从督政府到执政府

1794年7月28日（共和历热月10日）晚间，国民公会的大多数成员怀着既疲惫又庆幸的心情，把罗伯斯庇尔和他的21位亲信送上了断头台。经过长达5年的"比赛革命的革命"，法国人的神经和他们的财政一样处在了崩溃边缘。尽管结束雅各宾派专政的"热月党人"远不及他们的前任来得能言善辩、信仰坚定，国民公会还是给予了他们充分的支持，以向一个稳定的资本主义国家过渡。

此际热月党人最重要的政治举措，在于制定和颁布1795年（共和三年）宪法。新宪法舍弃了1793年雅各宾派宪法所包含的普遍选举制、人民复决权、反抗暴政权等激进条款，代之以保守的"纳税不足者无选举权"（实质是剥夺第四等级即贫民的政治参与资格），并对公民的义务做了强调。立法、行政分立的经典政体得到延续：立法机关分为上下两院，前者称元老院，由250位年龄在40岁以上、有过婚史的代表组成；后者称500人院，从420万纳税金额合格的男性"积极公民"（法国总人口为2800万）中选出，每年改选1/3。行政权则掌握在5位督政官（Directoire）手中，由他们轮流担任政府主席，每三个月轮替一次；督政官的选举权则由上下两院掌握，每年以抽签方式改选一人。

为防止保守的王党势力和激进共和派借助选举卷土重来，国民公会在宪法草案公布前曾规定：第一届750位议员应有2/3从现任议员中选出，且第一批5名督政官皆须为1793年投票赞成处死路易十六的"弑君者"。但这一条款根本无法阻止督政府的运转陷入失控：由于改选议员的频率过高，保王党大可以凭借化整为零的方式逐步控制议会，继而选出自己的执政官，完成"和平演变"；共和派以及更左倾的平等主义者则在全国私下串联，图谋夺取政权。仓促结束经济管制造成物价飞涨、通货膨胀，督政府废止旧币和打折兑付国债（仅承诺兑付总额的1/3）的决定则引起更大的不满。身着天鹅绒制服的督政官们藏匿在雅各宾时代的监狱卢森堡宫，时刻担心人们会在这里重新架起断头台。

这幅分裂、无能、卑怯的图景，与法国军队表现出的团结、纪律和高效形成了鲜明对比。在崭露头角的拿破仑·波拿巴将军统率下，法军不仅以意大利战场的胜利为共和国赢得了外部保障，还带回了价值数千万法郎的黄金和白银。军队的出色表现，使得他们在事实上成了督政府维持其"中间路线"的唯一支柱：1797年9月，奥热罗将军的人马阻止了保王党的"和平演变"（果月政变）；1798年5月，督政府又以武力为后盾，强行收回了新当选的106位共和派议员的席位（花月政变）。问题在于，如果政府每次都要靠制服、刺刀和步枪的保护才能延缓自己的死刑判决，那么当制服、刺刀和步枪自己跳出来要求"发言"时，他们所能做的不过是哼哼几声而已。

埋葬督政府的种子早已在其内部播下了，为首的便是两位现任督政官西哀士和巴拉斯。曾经的国民公会主席西哀士以宪政的改革者自居，在长袖善舞的跛脚外交部部长塔列朗串联下，他和刚刚从埃及前线回国的波拿巴将军搭上了线，企图借这位人气将领之力推翻议会。而放荡贪婪、诡计多端的巴拉斯相中的恰恰是同一个代理人，为了笼络这位年轻人，他甚至把自己的情妇约瑟芬·德·博阿尔内也拱手相让。拿破仑的弟弟吕西安·波拿巴时任五百人院议长，一同参与了密谋。

在西哀士的安排下，1799年11月9日（共和历雾月18日），元老院以"雅各宾派分子企图恢复恐怖专政"为由，越权任命波拿巴为巴黎卫戍部队司令，随后有3位督政官提出辞职，政府遂陷于瘫痪。次日下午，心情忐忑的拿破仑在吕西安和大队士兵的陪伴下，闯入议会所在地圣克卢宫，宣布两院自即日起休会，并以刺刀驱散不服从者。政变者随后组成了以拿破仑、西哀士和迪科为首的临时执政委员会，宣布废止1795年宪法，开启了执政府（Consulat）时代。

尽管拿破仑本人要到1804年才会正式加冕称帝，但执政府的成立通常被历史学家视为"拿破仑时代"的开端

尽管拿破仑本人要到1804年才会正式加冕称帝，但执政府的成立通常被历史学家视为"拿破仑时代"的开端。以武力作为折中路线保护者的督政府被颠覆，代之以完全建立在暴力和秩序基础上的执政府；而拿破仑对军队的绝对掌控力和他在普通民众心目中的威望，意味着他随时都有可能踢走西哀士，变三人执政为一人独裁。随后的4年多时间里，他在立法、行政、经济和外交方面展开一系列变革，在重塑法兰西的同时，也铺就了自己通往杜伊勒里宫的道路。

"法国人的皇帝"

对执政府而言，既然1795年宪法已经被证明易于滋生混乱，退回到激进的1793

年宪法又不可能，他们显然需要一部基于效率和稳定原则的新宪法来作为柄国的法理基础。1799年12月23日通过的共和八年宪法正是这样一份文件：它的条款被大刀阔斧地砍到了95条，删除了作为开篇的《人权宣言》，透露出威权意味。

立法、行政分立的原则在新宪法中继续得到贯彻，但立法权为一个奇特的四角体制所掣肘：国务院（25人）仅负责起草法条，护民院（100人）有讨论权但无表决权，立法院（300人）仅负责表决法案，元老院（80人）则选任护民院和立法院议员，彼此形成制衡。相比之下，行政权的分布则相当集中：三名执政官（Consul）的任期长达10年，第二、第三执政又仅是第一执政的助理。后者不仅有权任命省部级官员、驻外使节和军事指挥官，而且要负责国务院成员的选拔和委任。换言之，行政首长凌驾于立法机关之上，几乎不受约束：这无疑是为拿破仑量身打造的。

1799年12月25日，30岁的拿破仑正式就任第一执政。在内阁成员的选任上，他不以政治倾向为标准，只看重才能和效率，体现出军人的务实本色。财政部长由干练的管理专家戈丹（Martin-Michel Gaudin）充任，他把课税权由地方收归中央，并组建法兰西银行以发行新币，在两年内实现了中央财政收支平衡。变色龙塔列朗继续担任外交部长，此人虽然极度自私，但懂得迎合强权，在与反法各国的贵族外交官打交道时尤有技巧。在他的斡旋下，1801年执政府与罗马教廷达成谅解，以承认信仰自由为条件，换取了由第一执政委任主教、政教分离等对法国有利的条款。负责情报搜集、言论控制和执政官个人安保的公安部则由约瑟夫·富歇（Joseph Fouché）主管，他和塔列朗的唯一区别在于私生活较为检点。这位警察头子掌握着上至高官、下至百姓的数十万人的秘密，为他监视的每个人制订了档案；当第一执政需要时，他会毫不留情地逮捕潜在的异己分子，将其流放到法属圭亚那的魔鬼岛。

当然，拿破仑本人真诚希望能给法国留下更恒久的遗产，那便是1800年开始起草

△ / 1799年，第一执政官拿破仑（中）夺取议会大权，宣布成立国务院。雾月政变后，督政府被推翻，执政府时代开启。在立法权上，国务院仅负责法案的起草，与其他各院相互制衡

↑ / 1804年12月，巴黎圣母院，拿破仑将皇冠戴在妻子约瑟芬头上，亲自将她加冕为皇后

的《民法典》（Code Civil），4年后正式颁布。尽管第一执政本人对法律事务不甚精通，但还是热心地参加了87次讨论会中的37次，表现出难得的耐性和谦虚。在他的督促下，《民法典》的2281个条款对革命所确立的私有财产不可侵犯、法律面前人人平等、言论与信仰自由等原则进行了重申，同时又以强化父权和夫权、压制雇工权利的规定，确保了国家在政治经济生活中的灵魂地位。日后拿破仑曾不无自得地感慨，他在战场上的光荣已毁于滑铁卢一旦，唯有民法典是"不可摧毁且永垂不朽"的。

1802年8月，刚刚挫败第二次反法同盟、声望达到顶峰的拿破仑越过元老院，以直接发起公投的方式将自己的任期延长为终身，并把指定继承人、任命元老院成员（已经拥有了修宪权）的权力也收归到第一执政名下。同年5月，他还创建了"荣誉军团"（Légion d'honneur）制度，相当于封建时代的骑士，本质上是以头衔、勋章和等级造就一个忠于他本人的贵族阶层。尽管受到平等主义影响的法国知识分子对此嗤之以鼻，但在国家连年对外征战的情况下，由军功奖章演变而来的军团勋章激起了更多人的事业热忱，并把法国的前途完全等同于拿破仑的个人事业。

经历了两年多的培植亲信、清洗异己和经济、社会准备，将法兰西共和国变为拿破仑一姓帝国的条件已经成熟。1804年5月18日，元老院颁布14年来第六部新宪法，宣布法国为君主国，第一执政当然为君主。为增加此举的合法性，拿破仑再度诉诸公投，在357.5万张有效选票中获得357.2万余票，反对者不足2600人。为了显示自己的地位来自公意，他甚至拒绝沿用波旁时代的"法国国王"（Roi de France）名义，而是创造了一个新头衔"法国人的皇帝"（Empire des Français）。1804年12月2日，背对着从罗马招来的教皇庇护七世，拿破仑自己把皇冠戴到了头上，接着又为那位由巴拉斯"赠送"的约瑟芬皇后加冕。而他在敕令中的自称，则将"承上帝洪恩"与"依共和国宪法"并列。

作为巩固帝制的一项重要措施，在称帝的第二天，拿破仑就册封了18位元帅，1807年—1815年平均每年又增加一人；而在帝国存在的短短11年间，他竟先后封授了10位亲王、31位公爵、338位伯爵、1090位男爵以及1500名骑士！

拿破仑的大战略

早在路易十四时代，法国就确定了它在欧洲大陆的终极安全目标：向南越过比利牛斯山，向东控制阿尔卑斯山脉和莱茵河左岸，借助由海洋、河流和山脉构成的"天然疆界"来拱卫帝国本土的安全。作为一位兼有军人和国务家身份的皇帝，拿破仑尤其热衷于仰仗武力达成这一目标。1799年执掌大权以后，他首先用3年时间完成了对莱茵河左岸和意大利的兼并；接着从1802年到1807年，又集中兵力打击普奥这两个中欧强国，以实现陆上权势的最大化。为了按照法国的意图调整欧陆权势分布，他甚至在1806年强行废止了神圣罗马帝国。

在所剩无几的敌人中，唯有英国始终保持着旺盛的战斗力。作为欧陆均势的传统操盘手，伦敦不仅长期以财政津贴支持奥地利和普鲁士对法作战，而且依托海军优势，阻断了法国从海外殖民地获取财富的通道。早在1789年8月，胡德子爵的舰队就攻克了土伦，使法国地中海舰队暂时丧失战斗力；次年6月，豪伯爵又在"光荣的六月一日"之战中给予法国大西洋舰队以重创。只是因为欧洲第三大海军强国西班牙在1796年底与法国结盟，英国的主要海上盟友荷兰也被法军占领，伦敦才在1798年初决定暂时放弃地中海，集中力量打垮大西洋方面的法西联合舰队。拿破仑乘机反其道而行，企图经地中海出兵埃及，从陆路威胁英国最重要的海外殖民地印度。然而英国地中海舰队司令纳尔逊注意到了他的动向，从直布罗陀尾随追击，于1798年8月1日在阿布基尔湾袭击了保障远征军补给线的法国舰队主力，取得大捷。埃及远征最终以失败告终，拿破仑仅以身免，这也是他早年绝无仅有的败绩。

第一次与英国正面交手失败后，拿破仑在1800年联络俄国沙皇保罗一世，请求其与斯堪的纳维亚诸国组建"武装中立"同盟，牵制英国的注意力。但纳尔逊在1801年初孤军杀入波罗的海，摧毁了与俄国结盟的丹麦海军主力，加上不久后保罗一世遇刺，拿破仑的计划再度流产。1803年战端重开后，他只能效法路易十四的老办法，准备跨海对英国本土实施远征。为获得数量优势并转移英方的注意力，法西两国的地中海舰队将首先驶向西印度群岛，在那里等待法国大西洋舰队赶来会合，随后一齐向英吉利海峡前进。但因为英军在法国西海岸部署了监视部队，大西洋舰队根本没能出航，只有地中海舰队的33艘战列舰赶到了西印度群岛。拿破仑命令这支舰队重新驶入地中海，在西班牙整补后开往布雷斯特，协助大西洋舰队驱散英方的监视。1805年10月21日，当法舰航行至特拉法加角附近时，纳尔逊指挥的27艘战列舰追赶上来，爆发了风帆时代最后一次具有战略性意义的海战。法西联军的33艘战列舰有1艘被焚毁、21艘被俘，死伤及被俘近1.4万人；英军仅伤亡1600余人。此役过后，英国本土再无安全忧患，17世纪后半叶以来法国作为英国海上霸权挑战者的地位则被永久性地终结了。

到这时为止，拿破仑已经无法指望在海上击败英国，他以一种典型的陆权战略作为替代：1806年-1807年，法国先后向欧洲主要国家颁布三道敕令，严禁其以任何形式与英国开展海上贸易，企图构建"大陆封锁"体系。该体系的实质是使欧洲大陆这个最重要的市场对英国关闭，令后者赖以生存的远洋贸易趋于萎缩；全面封锁同时还将切断伦敦最经济地获得战略性原材料的通道，长此以往，英国的国民经济将会崩溃。但"革命的皇帝"显然忽略了两项关键要素：在关闭对英进出口通道的同时，法国本身并无能力为欧洲各国提供替代性产品，基本上只是一架军事机器的法兰西帝国也无力组织和运作欧洲市场；各国为自利起见，势必对封锁令阳奉阴违。而英国作为此际唯一一个完成工业

/ 英国地中海舰队司令纳尔逊

革命的大国,不仅在自主生产能力方面远远超出拿破仑的估计,而且通过与欧洲以外区域之间的贸易补偿了失去欧洲市场的损失。封锁没有拖垮英国,反而令法国的处境日趋微妙,最终引发悲剧性的征俄之役。

征俄之役与"解放战争"

从战略地理上看,拿破仑法国居于西欧大陆的中心位置,英俄两国分处其两翼,形成半包围态势。不过在1812年之前,英俄虽然是反法同盟中的战友,却不足以动摇法国的根基:作为一个奉行"间接路线"的海上强国,英国的传统策略是避免陷入长时间、高损耗的陆上交战,而将这部分义务转移给普奥等陆上盟友。当拿破仑在1804年-1809年多次重创普奥陆军、迫使其退出战争之后,缺少桥头堡的英国海军并不能凭本身的力量发动反攻。至于另一个侧翼国家俄国,它在阻止法国独霸欧陆方面与列强利益一致,但同样不排斥趁火打劫、扩张在东欧的领土收益。从1793年到1807年,三位俄国沙皇在与法国打打停停的同时,完成了对波兰的最大限度瓜分,并借法国之手削弱了它在东欧的竞争者奥地利。当拿破仑在1810年颁布最后一道大陆封锁令《枫丹白露敕令》时,俄国同样没有表示异议。

然而事情在很短时间内就起了变化。

1807年,为巩固作为对英封锁支点的伊比利亚半岛,拿破仑对葡萄牙和西班牙用兵,并在次年扶植兄长约瑟夫为西班牙国王。此举不仅为英国重返大陆提供了机会,而且使30万法军陷入西班牙民族主义者的游击战陷阱,最终损失达2/3以上。而沙皇对巴黎的不满同样在急剧上升:对英封锁切断了俄国出口木材和粮食的通道,法国却不愿提供

/ 油画《特拉法加海战》，描绘1805年10月21日，英军与法西联军舰队在西班牙特拉法加角外海面激战场景。英军获胜，但主帅纳尔逊在此次战斗中阵亡

对应的进口额度作为补偿；在跨海入侵英国无望的情况下，拿破仑又开始觊觎近东和西亚，并利用"华沙大公国"煽动俄属波兰的民族主义情绪，这势必动摇俄国的领土和安全基础。以欧洲领袖自居的沙皇亚历山大一世遂开始违抗《枫丹白露敕令》，在大陆封锁体系上打开了一扇巨大的"后门"。

对此际的法国来说，俄国尚未构成直接的安全威胁，但沙皇的阳奉阴违对拿破仑的国际政治蓝图造成了冲击；作为一位视武力为唯一政治工具的国务家，他决心以一场"预防性战争"作为回应。法国必须先下手为强，瘫痪俄国的进攻能力、将其驱逐到乌拉尔山以东。为达成这一目标，拿破仑集结了多达68.5万人的"大军"（半数以上为外籍官兵），其中步兵50万、骑兵10万。在双

△/油画《告别》，描绘1814年4月20日，拿破仑被流放前与近卫队告别场景。追随者在拿破仑身后将其紧紧抱住，跨出的脚步比掉在一旁的帽子更显忠诚，而一旁的近卫队士兵更是悲伤地用手捂住了脸

方控制范围相交处的维斯瓦河，法军集结了45万人的重兵，对面的两个俄国集团军只有13.7万人、434门大炮，却要防守远为宽大的阵地，彼此之间缺少策应。纸面形势看上去对法国相当有利。

1812年6月24日，法军渡过尼曼河，开始朝白俄罗斯腹地推进。然而西欧战场的胜利经验很快被证明并不适用于东部：俄国的地理空间极为广大，其指挥官并不惮于做大开大合式的撤退，是以法军虽能将对手逐退，却始终无法遂行大规模歼灭性会战。惯于就地征粮的拿破仑面对俄军在西部实施的"坚壁清野"也一筹莫展，只得采用一种效率极低的战术：野战部队向前推进到极限，然后停下来等待补给纵队。内线的俄军则且战且退、极为从容。然而拿破仑又不可能掉头西返——在他归国的必经之路上，普鲁士、奥地利以及瑞典军队正在蠢蠢欲动，如果东征失利，必将造成雪崩式的溃败。

1812年9月7日，13万法军主力在博罗季诺与新任俄军主帅库图佐夫的12万大军交火，拿破仑以损失3万余人的代价，取得了击毙、击伤和俘虏俄军4.5万人的战果，但仍未能包围或全歼对手。库图佐夫在审时度势之后，决定放弃莫斯科、继续向西撤退。9月14日，拿破仑进入俄国首都。然而就在之后的5天里，俄国残军和民众在城内四处纵火，烧毁了莫斯科城的3/4，使法军丧失了在此越冬乃至进一步东进的希望。10月19日，拿破仑被迫踏上他最不愿接受的路途——西撤。此时俄国的第一场雪已经降下，丢盔弃甲的法军不仅要和尾随的俄军战斗，更要对抗严酷的"冬将军"。到12月14日彻底退出俄境时为止，法方的死亡人数竟高达38万人！

比这更令人恐惧的是来自中欧的"民族革命"。经历过耶拿惨败后，德意志民族主义者也开始效法昔日的法国人，从精神、军制和战略战术上改造自己的王国。三大思想家赫尔德、费希特和黑格尔热情地张扬德意志民族在世界历史中的使命，呼吁普鲁士人站出来抗击法兰西霸权。沙恩霍斯特、格奈森瑙、博因等青年军官则改造了陆军总参谋部体制，使其成为领导抗法战争的有力核心。1813年7月，俄、奥、普、英、瑞典等国组成第六次反法同盟，一致对法作战。对德意志民族主义者来说，这不仅是耶拿的雪耻之战，更是一场推翻拿破仑暴政的"解放战争"。

1813年10月16日，拿破仑再度祭起看家本领，趁反法联军的三个集团军尚未会合之前，抢先攻击莱比锡以南的奥军，企图各个击破。然而他的敌人在机动速度上早已不似十年前那般迟缓，由格奈森瑙和布吕歇尔指挥的西里西亚集团军大胆地向南实施突击，使法军遭受重大伤亡。尽管拿破仑最终逃出了包围圈，但却丧失了1/3的作战部队，无力再战；而反法联军并未就此停歇，而是渡过莱茵河继续西进。

1814年3月30日晚，负责守卫巴黎的约瑟夫·拿破仑将这座意志涣散的城市拱手让与联军；4月2日，变色龙塔列朗操纵元老院通过废黜拿破仑的决议，并宣布将迎回波旁家族的路易十八。拿破仑所能做的只有以残存的7万军队为资本，从联军手中交换较宽松的个人待遇。4月13日，他在《枫丹白露条约》上签字，随后启程前往厄尔巴岛。

从个人传奇的角度看，厄尔巴岛的脱逃可谓拿破仑生命中又一光辉篇章；但对当时的法国而言，这意味着持续了近1/4个世纪的对外战争又将重启，而巴黎获得的和平条件将更为苛刻。拿破仑和他的敌人们都清楚，除去更大、更惨烈的会战，这位皇帝并不青睐其他的政治手段；尽管为了挽回民心，他在1815年4月22日颁布了67条《帝国宪法附则》，宣布保障人民权利，并将由皇帝独占的立法权与议会分享，但帝国的命运仍然要在战场上决定。

参考资料：陈文海《法国史》、周桂银《欧洲国家体系中的霸权与均势》、富勒《西洋世界军事史》第二卷等

（《国家人文历史》2015年12期）

革命激情 大众兵役 经济动员
拿破仑与战争艺术的革命

文 | 刘怡

1805年的夏天快要结束时,诞生刚刚一年多的法兰西第一帝国正陷入一场生死攸关的危机。10月21日,英国海军上将纳尔逊在特拉法加角歼灭了法国地中海舰队主力,使等候在英吉利海峡以东、企图进击英国本土的18万法军丧失了战术价值。在他们东边,奥皇弗朗茨一世的三支大军已经在意大利、蒂罗尔和多瑙河谷地完成了集结,准备截击东侵的法国军队;库图佐夫的5万俄军也从波兰开拔西进,预定于10月中旬在多瑙河与奥军会师。北方的普鲁士名义上虽然保持中立,但普王腓特烈·威廉三世早已和沙皇暗通款曲,随时可能背叛他的法国邻居。在中欧的巨大陷阱里,第三次反法同盟集结了30万以上的精兵,誓要葬送那个"篡位者"的王朝。

9月23日,已经从海峡沿岸西移的17.7万法军突然强渡莱茵河,开始朝多瑙河快速挺进。10月14日,他们在埃尔欣根突袭了莱贝利希元帅的4万奥军,将其合围于乌尔姆,迫使对方于18日投降。11月13日,法军兵不血刃地开入维也纳,随后趁俄奥联军刚刚会师、立足未稳之际,直趋波西米亚。12月2日,5.3万法军在奥斯特里茨以西与8.7万联军遭遇,拿破仑以一场漂亮的中路攻势,将注意力被吸引到南线的联军彻底击溃,歼敌2.6万人。

三个星期后,奥地利在《普雷斯堡和约》上签字,第三次反法同盟瓦解。一年后,神圣罗马帝国在法国的要求下解散,普鲁士陆军也在耶拿被法军重创,法国在欧陆的霸主地位遂再度得到巩固。

克劳塞维茨在《战争论》中感慨,以此际俄奥军队的兵员素质和参谋水准,足以抵挡住18世纪的优秀将领,但对拿破仑这位"革命的皇帝"却毫无还手之力。究其原因,拿破仑法国的大众兵役制度、民族主义基调以及全新的"大军"编制在根本上改变了战争的规模和目的,空前的人力和经济资源被动员起来,用于一场无止境的征服战争。这位"革命皇帝"的个人天才,又使上述要素能在短期内集中于法兰西帝国这架军事机器,并爆发出惊人的威力。

奥斯特里茨开启了战争史上的新纪元,"百万大军"的时代就要来了!

"旧制度"已达瓶颈

1756年,法国革命之前欧洲最后一次

/ 1805年,拿破仑率领法军在奥斯特里茨将联军彻底击溃,开启了战争史上的新纪元。这是弗朗索瓦·热拉尔作于1810年的油画《奥斯特里茨之战》

大规模战争——七年战争宣告爆发。十几个国家的陆海军在中欧、美洲、印度和西非展开惨烈的厮杀，造成了超过100万人的伤亡（包括平民）。传统军事体制和战争艺术——或者用托克维尔的话来说，军事领域的"旧制度"——经过西班牙和奥地利两次继承战争的淬炼，在本次大战中完成了最后的进化。然而进化过程的结束也意味着旧制度可供榨取的"剩余价值"变得越来越少，此后二十多年间，大部分军事专家仅仅执着于推广新式火炮和步兵队形，对旧制度进行细枝末节方面的修补。

与16-17世纪那种大体上由教士、雇佣兵和商人主导的战争不同，18世纪中叶的军事对抗已经发展到相当专业的水平。主要国家在平时即供养和编练一支十万人级的常备军，由一个较小的职业军官团（大部分是贵族出身）统率，在文官政府中有对应的管理和协同机构。为了运用威力不断增大的火器尤其是野战炮，各国军队在平时就按照严格的操典加以训练，关于交战各方的权利、平民问题、投降程序以及战俘待遇的战争法也在完善当中。沃邦侯爵留下的要塞修筑和防御教材被所有国家奉为经典，工程师和专业技术人才在武装力量里占据了不可小觑的位置。

像普鲁士的腓特烈二世这样的顶级统帅已经懂得利用内线位置，发起会战级规模的机动和歼灭行动。

然而积极的成分也仅止于此。除去少数贵族军官和受过正规教育的工程师外，构成军队主体的依然是目不识丁的无业游民、乞丐和强征来的壮丁，农民则要留在土地上创造财富；每个国家的常备军里都有至少1/4是来自外国的冒险家。为了使这群乌合之众保持最基本的秩序——而不是要他们奋勇前进——军官在平时会用严刑峻法恐吓士兵，在战时则要避免可能破坏队形或滋生混乱的大规模运动战。于是，精确、呆板的阵地战和防御术成了会战的主流，十几万大军会在一座要塞周围进行长达几个月的攻防较量，实际伤亡却很小。长途行军则是彻底的梦魇：没有哪位统帅敢让自己的部队在敌国领土上征粮，因为士兵一旦劫掠完毕，马上会开小差逃走。标准做法是从本国边界开始建立一连串的供应站，部队的最大活动范围不得超出供应站周边五天的路程；同时为确保纪律，步兵、骑兵和炮兵在行军时必须分开，只有在抵达战场后才按照地形重新配置，这无疑浪费了更多的时间。最重要的是，发生在专制君王之间的战争，就根本目的而言

△ 马拉（1743年—1793年），雅各宾派领袖

是有限的，这限制了资源动员和军事手段的规模。围绕王位继承权展开的大战主要是为了恢复欧洲的权势平衡，歼灭一支敌军、攻陷一座城池都是为了服务于此种目的；假如把摧毁的对象扩大到敌方的经济基础甚至敌国本身，各国将永远无法达成可以接受的和平条件。

至于伟大的腓特烈，他固然能仰仗普鲁士的精兵，在局部战役中采取主动；但倘若把这支军队扩大到足够多线作战的规模，就必须征收更多赋税，从而使构成国家统治阶层的贵族和提供财源的地主、工商业者陷入对立状态。换言之，无限制地编练和供养军队可能威胁到君主专制本身，军事领域的旧制度乃是由政治和社会的旧制度所决定的。

并非所有人都把这种温和、低效的战争方式看作理所当然。从18世纪70年代起，法国军事专家和知识分子就开始对旧制度提出一系列变革建议。1775年，德布尔塞中将提议把野战部队划分成较小的分队，每个分队都有一定数量的步兵、骑兵和大炮，既可单独行动，也可在多个方向协同作战。三年后，炮兵军官让-迪泰伊出版了小册子《新型火炮在野战中的运用》，倡导在进攻战中集中大量火炮、轰击主要突破方向，后来成为拿破仑的战争信条。"全民皆兵"的雏形则是由出身军事世家的吉贝尔伯爵在1770年提出的，他预言一支训练严格、拥有崇高精神目标的国民军甚至有希望建立欧洲霸权。然而在经历了一百多年不间断的战争、财政已经濒临破产的法国，这些建议永远得不到付诸实践的机会。只是到了大革命席卷全国、外部侵略开始威胁到共和国的生存之际，它们的价值才获得了重视，并被用于革命军队的编练。

当代战略学名家彼得·帕雷特曾经断言，假如拿破仑没有执掌大权，革命后的法国至多成为欧陆一等强国中稍微领先的那一个

从1792年到1799年，普遍征兵制、以师为单位的编制案和纵队队形等新要素逐步加入到法国的军事机器当中，然而从实际效果看，战绩仅是胜负各半。究其原因，过于频繁的政治动荡影响到了军事指挥层的稳定，新加入部队的官兵也需要一段时间才能适应革命性的组织结构、管理和战术。最重要的是，只有当拿破仑这位天才人物同时成为法国军队和国家的领袖之后，各种分散的新要素才能被有机结合起来，并发挥出最大的效用。

/ 表现18世纪末法国大革命时期人们推崇"至上崇拜"论场景的绘画

战争规模与战术的革新

当代战略学名家彼得·帕雷特曾经断言,假如拿破仑没有执掌大权,革命后的法国至多成为欧陆一等强国中稍微领先的那一个;完全是由于拿破仑的战略天才、控制欲和进取心,法国的扩张才一以贯之地持续下去,最终颠覆了整个欧洲均势,并成为现代意义上战争的基本模式。

法国革命和拿破仑战争与此前的战争存在的最大差异,首先体现在规模上。1793年初夏雅各宾派上台之后,即由公安委员会委员拉扎尔·卡诺颁布了"大规模动员"法令,规定"自即日起到敌人被驱逐出共和国领土为止,所有法国人皆有服兵役的永久义务"。国民公会随后还通过决议,实行战时经济管制,并宣布"所有法国人及其一切财产都须为法兰西民族的战争服务"。在革命激发的大众热情、公安委员会的恐怖政策和卡诺的个人才干共同作用下,短短一年之内,革命军的总人数就从64.5万人膨胀到了150万人,以至于许多新兵竟领不到步枪。经过大革命的洗礼,应召入伍的士兵早已不再像王朝战争时代一样无知、散漫、缺乏精神追求;

相反，为了报效国家以及出人头地，他们往往更乐于服从命令，也更富有创造性。

1804年拿破仑称帝时晋升的18位元帅无一不是平民子弟出身，他们在革命前大多只是校、尉一级的低阶军官，经过十多年奋斗，竟得以跻身最高级军人之列，这在波旁时代是完全无法想象的。元帅们的榜样刺激着更多后来者为拿破仑的霸业前赴后继：从1800年到1812年，法国共有130万义务兵和为数更多的志愿兵加入拿破仑的军队；在征俄之役开始前，构成法国陆军基干的野战军已经扩充到68万人，是腓特烈大王那支常胜之师的8倍以上。

公民军队的建立，还为采取"以战养战"的就地补给方式创造了可能。1793年底之后，战争的中心转移到法国境外，这在三十年前差不多是一切统帅和军需官的梦魇；然而在一支"由全体人民组成"（《1793年宪法》第107条）的军队里，指挥官完全不必担心士兵会因为劫掠而溃散或逃跑。拿破仑本人在1806年即断言："懂得如何从你占领的地区获取所有各种供应，构成战争艺术的很大一部分。"由于能从占领区获得粮食和补给品，并且在国内实施经济管制，法国在工业化程度远低于英国的情况下，仍得以持续作战近1/4个世纪，创造了一项奇迹。

摆脱了对供应站的依赖，意味着法军可以像德布尔塞当初设想的那样，展开灵活机动、充满主动性的进攻作战。在这方面，拿破仑的贡献不在于具体的军事科技——前装滑膛枪和野战炮的改进在1780年代即已结束——而在于军队组织方式和战术的革新。1793年夏天卡诺编练第一支革命军时，就已开始将"师"作为基本单位；每个师都下辖步兵、骑兵和炮兵，采用灵活的纵队队形，战时首先以猛烈的炮火掩护优势兵力快速推进，随后尽可能多地歼灭敌军。拿破仑将这种规模较小的野战部队进一步扩编为十万人级规模的"大军"，使其可以用于大规模运动歼灭战。在乌尔姆和奥斯特里茨登场的便是第一批完成整训的"大军"。

"大军"以"军"作为基本单位，每个军由一位元帅统领，总人数在1万到5万人之间，通常为2-3万人。它下辖有2-4个步兵师（每师4000-10000人）、1个轻骑兵师（2000-4000人）、1个炮兵旅（下辖3-4个炮兵连，每连6门4-8磅野战炮加2门6磅榴弹炮）、一支工兵和架桥分队以及辎重、医疗单位。在进行军级规模的会战时，各单位通常会在一个宽大的正面上、沿不同的路线一齐向目的地发进，彼此之间的距离不超过一天的行军里程，以便随时相互支援。必要时，每个师也可增加相应的骑兵和炮兵，单独进行规模较小的战斗。

除去5-7个这样的军以外，"大军"还下辖一支直接听命于拿破仑本人的近卫军；最初它编有8000名最精锐的掷弹兵、轻重骑兵和少量炮兵,主要负责皇帝本人的安保,充当会战中最后的预备队。

征俄之役开始前,由于拿破仑决意御驾亲征,近卫军一度扩充到两个正规军的规模(11.2万人)。滑铁卢之战中,刚刚完成重建的2.8万名近卫军依旧发挥了相当重要的作用。在法兰西帝国的版图扩展到中东欧和亚平宁半岛之后,数以万计的波兰人、奥地利人以及意大利人也加入了"大军",与法籍官兵混编,后来还组建了完全由波兰人组成的第5军。参加征俄之役的"大军"中半数以上为外籍官兵,只有7万人活到了战争结束。

《战略论》作者利德尔·哈特将拿破仑的指挥艺术概括为"在敌人的部署上找到弱点、并迅速集中占压倒性优势的兵力予以打击",这实际上略过了一项前提——只有在军队规模急剧增长、物质和精神力量都焕然一新的基础上,统帅才有可能改变七年战争时代那种有限的、低伤亡的防御战术,而采取潜在收益和损失都大得多的攻势。腓特烈大王已然发现的运动歼灭战的幽灵,也只有到这时才能彻底从魔瓶中释放出来。

吹响总体战的号角

与军事冲突在人数以及资源规模方面的扩张相伴随,法国革命和拿破仑战争还从根本上改变了战争的性质,并促使克劳塞维茨提出了"绝对战争"的概念。这种性质上的变化,在雅各宾派干将巴累1794年所做的演讲中有最集中的体现:"在一般的战争中,若是取得了当前程度的成功,本可以谋求媾和;但在为了自由而进行的战争中,战争只是消灭专制君主的手段。""和专制君主是不能媾和的,也不能休战或停火,更不能缔结任何条约;至多是在共和国已经大获全胜、并巩固了胜利果实的情况下,逼迫敌人签订城下之盟。""君主才需要和平,共和国则需要尚武的血气;奴隶才需要和平,共和派则需要自由的骚动;保守政府才需要和平,法兰西共和国则需要革命的能动性!"换言之,它追求的是一种难以划定界限的意识形态目标。

到七年战争为止,18世纪欧洲君主国之间的冲突针对的都是有限的目标,例如某块领土的归属或者某国王位的继承权;在整体上,这类冲突往往是为了阻止任何单一强国建立霸权,并使列强间的权势分布恢复到大致均衡的状态。然而驱动法兰西共和国和拿破仑帝国的却是世界化的民族主义——它认定单单在法国建立共和制并鼓吹"自由、平等、博爱"远不足以保障自身的安全;唯有以大炮和刺刀将这套政体及其精神内核输出到全欧洲,建立无数个小法兰西、新法兰西,法国革命的成果才能万古长存。这实际上也是一切现代革命的共性特征,无怪乎

／1793年,法国旺代农民被强迫参军。这一年,第一次反法同盟成立,对法国革命进行武装干涉。在法国,吉伦特派统治被推翻,雅各宾派专政建立,号召国民参军保卫国家

黑格尔要惊呼:耶拿之后,"历史的终结"已经到来,剩余的不过是"世界精神"在空间范围上的继续扩展而已。

革命的激情和恐怖主义、庞大的大众征召军队、初具规模的经济动员体制和对未来世界的乌托邦式幻想夹杂在一起,灌注进了追逐法国霸权的征途当中。而拿破仑,恰恰是一位嗜好以最大规模的武力来追求最大程度的目标的国务家。在长达15年的时间里,他集国家元首与最高统帅于一身,行动自由几乎不受限制;这种便利使得他有条件尝试一种"三位一体"的极端路线:在外交层面,尽可能地孤立某一时段内最主要的对手;若无法避免对手结成同盟,则应尽量延缓其军队会师的时间,以便各个击破。在军事战略层面,以果断的进攻战尽可能多地歼灭敌方的作战部队,迫使对手因兵力丧尽而降伏。在战术层面,于关键地理要点集中优势兵力,合围并迫使敌军投降。有限的,或者防御性的行动似乎从来不在他的考虑范围之内;即使对手的兵力明显占优,也要利用地理条件使其无法在宽大正面快速推进,继而令本方主力从侧翼实施突破和合围,变防御为进攻。

这种对"早打、大打、打进攻战"的偏执强调,在事实上限制了拿破仑的选择范围;而当他的对手也接受了类似的战争目标和动员方式,决心付出最大的牺牲也要摧毁法国的抵抗能力时,战争就变成了空前残酷的绞肉机。从1803年到1805年,法国及其盟友在战争中死亡和失踪的军人总数超过120万人,反法同盟方面的数字与之相仿;若是

△ / 1814年3月31日，沙皇亚历山大一世亲率反法联军穿过凯旋门，攻入巴黎

再加上100万左右的死难平民，整个欧洲在12年里至少丧失了350万人口（另有专家估计为500-600万人），绝大部分是青壮年，这还没有包含1792-1802年十年革命战争的伤亡。1790年到1795年出生的法国男子中，有20%以上死于拿破仑战争——在军队规模向百万级攀升的同时，战争造成的死亡人数也剧增为百万级。意味深长的是，反法同盟虽然在战场上击败了拿破仑，但在兵役制度、战术、动员模式乃至对战争目标的界定上却彻底为对手所折服；这意味着19世纪以后的战争将越来越远离七年战争的模式，成为拿破仑的翻版。

不仅如此，19世纪关于陆上战争的两部最重要的理论巨著，其作者都是拿破仑战争的亲历者。克劳塞维茨曾在耶拿会战中被法军俘虏，日后以对拿破仑战争的考察和提炼为基础，撰成了《战争论》；约米尼则是乌尔姆会战中内伊元帅的参谋，1813年转投俄国，他的《战争艺术概论》完全是在从拿破仑的战例里归纳"不变的战略科学法则"。整整一百年，欧洲最顶尖的战略家一遍又一遍地咀嚼拿破仑的遗产，认定战争艺术的全部奥秘就在其中；当这种崇拜和19世纪后半叶出现的第二波工业化浪潮以及全新的军事科技结合起来之后，终于催生出了战争史上最极端的"攻势狂热"——所有国家都在争先恐后地制订先发制人的进攻战略，并将其培植在百万人级的动员体制和经济总体战基础之上。

1914年8月，来自不同国家的"新拿破仑"们翻身上马，迫不及待地驰往他们心中的奥斯特里茨。

（《国家人文历史》2015年12期）

/ 1810年4月，拿破仑与奥皇弗朗茨一世大女儿玛丽·路易莎在巴黎卢浮宫举行了盛大的结婚典礼。这次与皇室联姻，给出身卑微的波拿巴家族增添了荣耀

欧洲联合的尝试
波拿巴家的君主们

文 | 郭晔旻

"我原想建立欧罗巴合众国"。

"我的儿子必须继承我到处成功的事业，即用牢不可破的联邦关系来团结欧洲"。

——拿破仑·波拿巴

帝国同心圆

大约到了1808年左右，一个在欧洲近代史上前所未见的庞大帝国已经被拿破仑·波拿巴建立起来。这个帝国从俄罗斯边

境横跨到大西洋畔，由皇帝麾下的80万大军掌控。庞大的拿破仑帝国包括由皇帝掌控的法兰西本土，唯拿破仑马首是瞻的卫星国和名义上独立的同盟国。这个以同心圆形式、以与拿破仑皇帝关系亲疏而远近围绕着巴黎的体系，颇有些类似于明清时代的东亚"天朝"主导下的"天下秩序"。

处于这一体系核心的是在皇帝亲自统治下的法国本土。经过法国大革命以来的多年征战，法兰西帝国的国境线已经远远越过了战前（甚至今日）的法国疆域。拿破仑一举实现了昔日"太阳王"路易十四的两个伟

/ 1799年,若阿尚·缪拉在阿布基尔战役中向奥斯曼防线发起冲锋。1800年1月,缪拉与拿破仑最小的妹妹卡罗琳结婚,1804年被授予帝国元帅称号,1808年成为那不勒斯国王。他以杰出的骑兵指挥官和勇武绝伦的战士而著称

大理想:莱茵河的"天然疆界"与南方的"不再有比利牛斯这条边界线"。1803年,比利时、尼斯、萨福伊、皮埃蒙特(今属意大利)并入法国,同时被纳入版图的还有神圣罗马帝国的莱茵河左岸,莱茵河成为法国的界河;两年后,热那亚、帕尔马和皮亚琴察(均在今意大利)也成为法国的一部分;1808年,拿破仑获得了罗马;翌年,皇帝又攫取属于德意志土地的威斯特伐利亚和曾经繁盛一时的汉莎同盟诸城——汉堡、不来梅和吕贝克……到了1812年,比利牛斯山南麓以巴塞罗那为中心的加泰罗尼亚也被并入了法国——此时的法国已经从108个行省,拥有3300万人口膨胀到了130个行省,共计4400万人口。

而在法国本土之外,围绕着由波拿巴家族其他成员统治着的卫星国,这些国家从北方的荷兰延伸到南方的那不勒斯。法国的军事机器也将它们绑上了同一辆战车,形如将各国的入伍兵流放:把西班牙军团送到丹麦,利用那不勒斯士兵去进行对俄战争……像这样的实例不胜枚举。

至于帝国体系的最外围,是一系列的"同盟国",其中最重要的是拿破仑担任"保护人"的莱茵邦联——与普鲁士和奥地利鼎足而立的"第三德意志",它的成立直接导致颜面扫地的奥皇弗朗茨一世放弃"神圣罗马帝国"皇帝的头衔,宣告了这个既不神圣,亦无罗马,也称不上帝国的中世纪残迹的最后消亡。除此之外,由于拿破仑恢复了波兰的民族独立,华沙大公国成为法国最忠诚的同盟国。理论上统治华沙的是萨克森国王,但他却从未访问过自己的国家,因此华沙实行的是双头政治,由一个"独立"的政府和

一个大权在握的法国总督掌管。

拿破仑的帝国就是一个如此令人眼花缭乱的大杂烩,但拿破仑法典却要把它变得均一完整,成为巴黎统治下欧洲统一的象征。拿破仑曾经对法国参议院的议员们说过,"如果你们要把一直到赫邱利之柱(直布罗陀海峡)和堪察加半岛的地区统一起来,那么,法国的法律就必须在那里统治"。对他的警务大臣富歇,拿破仑更是曾经明确表示,"我们需要一部欧洲法典,一个欧洲最高法庭,统一的货币,统一的度量衡"。事实上,在拿破仑帝国的极盛时期,拿破仑法典推行到了帝国及其附属国,法国的最高法院已经对三分之一个欧洲有了司法管辖权。帝国的御用学者这样恭维伟大的拿破仑皇帝:"幸赖皇上的天才,全部欧洲行将成为一个大家庭,在同一宗教、同一法典下统一起来"。

皇帝的亲戚们

随着拿破仑帝国大业的奠基和迅速走向辉煌,波拿巴家族迅速成为欧洲第一家族。在科西嘉人的家族观念影响下,拿破仑对亲戚们一直满怀深厚的感情和殷切的希望,让他们成为大帝国的支柱。在整个欧洲,波拿巴家族在欧洲总共拥有5顶王冠:拿破仑的三兄弟路易、热罗姆、约瑟夫分别成为荷兰、威斯特伐利亚和西班牙的国王;妹夫缪拉拥有那不勒斯王国,甚至皇帝的第一任妻子约瑟芬结婚时带来的拖油瓶儿子欧仁·博阿尔内也成为意大利王国的"副王"(国王是拿破仑本人)。

早在1806年3月14日,拿破仑就宣布将把弟弟路易封为荷兰国王:"荷兰还没有行政长官。但它必须有一个。我会把路易亲王给它。我们将订立一个条约……在我这里,这已是定局,要么这样,要么并入法国。"如果荷兰人不愿意,那他们只有被吞并,因此他们很快做出了选择。同样,路易也是半推半就地接过了荷兰的王冠,一方面他不喜欢低地国家的天气,但另一方面,"作为荷兰国王而死,胜过作为法国亲王而生"。

/ 约瑟夫·波拿巴,拿破仑长兄,曾先后任那不勒斯和西班牙国王

/ 热罗姆·波拿巴,拿破仑幼弟,曾任威斯特伐利亚国王

/ 埃利萨·波拿巴,拿破仑大妹,托斯卡尼女大公

亦在同一个月，拿破仑把哥哥约瑟夫封为那不勒斯国王。这里的波旁王室与大革命后的法国有不共戴天之仇，尤其仇视拿破仑。随之而来的自然是拿破仑的残酷清算，"波旁王朝在那不勒斯的统治已经告终"。法军入侵这个小小的王国，波旁王室在英国舰队的保护下逃亡西西里岛。在这种背景下，拿破仑写信给约瑟夫："我已经跟你说过，我要把那不勒斯王国划归我家族所有。"翌年，拿破仑又将德意志的汉诺威、不伦瑞克和从普鲁士夺来的土地组成威斯特伐利亚王国，由幼弟热罗姆担任国王。拿破仑没有忘记提醒弟弟所负有的历史使命：通过民主政治的伟大实验，把400万德意志人从臣民变成公民，"《拿破仑法典》所带来的种种好处，以及审判和陪审制度，将决定你的君主制度……你的子民必须享受他们以前从未享受过的自由和平等！"

到了1808年，打着进军葡萄牙旗号的法军顺手占据了西班牙的各个军事要地，这是再明显不过的"假途伐虢"伎俩。很快，马德里宫廷那个腐败无能的波旁王室被废黜，并在法国警察监视下前往指定的流放地——枫丹白露和瓦郎斯。拿破仑原本准备把西班牙的王位交给路易，但这位现任荷兰国王出人意料地忤逆了皇帝："我不是一个省的总督，我唯一可能的升迁是天国……"；于是比较驯服的约瑟夫离开了那不勒斯，前往马德里上任西班牙国王；而他留下的那不勒斯国王的空缺则交给了拿破仑的妹夫，也是皇帝麾下的将领缪拉。不过，对于这位自己麾下勇敢的骑兵将领的统治能力，拿破仑并不看好："在战场上，当他面对敌人时是最勇敢的人，这是无人可比的，但除此之外的任何地方他的行为都表明他是一位蠢人。"

缪拉的平庸无能，在拿破仑的继子欧仁·德·博阿尔内的优异表现面前，显得尤为突出。作为意大利王国的"副王"，欧仁坐镇米兰，掌管着亚平宁半岛北部的24省。他可能是拿破仑的卫星国统治者中最为出色的，在他的仁政下，北意大利很少有人反对拿破仑。皇帝也很喜欢他，一有机会就当众赞扬他，并曾写信给他"你工作太勤奋了，亲爱的儿子"。

/路易·波拿巴，拿破仑四弟，曾任荷兰国王

联姻与"罗马王"

说起儿子,这着实是拿破仑的一块心病,他甚至曾经不无悲痛地说,他不像成吉思汗那样有福气,身边没有四位能干的儿子矢志辅佐。约瑟芬皇后婚后始终膝下无子,在拿破仑已然称帝的情况下,这就意味着没有子嗣可以继承法兰西帝国的皇位。毫无疑问,这令拿破仑焦虑万分,并最终决定休妻另娶。

以当时拿破仑贵为"法兰西人的皇帝"的身份,放眼全欧洲的君主,其中门当户对的仅有三家:继承神圣罗马帝国的奥地利哈布斯堡皇室、自称"第三罗马"的沙皇俄国罗曼诺夫皇室,以及同样宣称延续拜占庭法统并占有故都君士坦丁堡的奥斯曼帝国素丹皇室。奥斯曼皇室由于在当时被欧洲目为野蛮人而受到鄙视首先出局;沙皇亚历山大一世有两个妹妹,但以年龄过小(14岁)和宗教信仰(东正教)不同而拒绝了拿破仑的提亲;于是剩下的只有奥地利皇室,为了讨好拿破仑,狡猾的奥地利外交大臣梅特涅竭力说服奥皇为了国家利益答应这门亲事,他在1809年8月10日给奥皇的信中写道,"我们的应付办法必须是看风使舵,克制自己,并看着胜利者的脸色行事。只有这样,我们也许还能继续生存下去,一直等到总解脱的日子"。

/奥皇弗朗茨一世(神圣罗马帝国皇帝弗朗茨二世)

最终,奥皇弗朗茨终于同意将他的大女儿——19岁的玛丽·路易莎女大公嫁给拿破仑。1810年4月2日,43岁的拿破仑与她在巴黎宏伟壮丽的卢浮宫举行了隆重盛大的结婚典礼。与古老显赫的哈布斯堡皇室联姻,无疑给出身卑微的波拿巴家族增添了荣耀。不过,就像恩格斯指出的那样,"拿破仑最大的错误在于,他娶奥国皇帝的女儿为妻,和旧的反革命王朝结成同盟;他不去消灭欧洲旧的一切痕迹,反而竭力和它妥协"……

次年3月,新皇后果然争气,给拿破仑生了一个儿子。消息一出,巴黎鸣响了22声礼炮,帝国侍卫发出了雷鸣般的欢呼声,大

/ 1812年前后,拿破仑怀抱儿子弗朗索瓦·夏尔·约瑟夫·波拿巴(拿破仑二世)

家互相祝贺,高呼"皇帝万岁"。当年迈的军人想到自己为这个婴儿将要继承的事业立过汗马功劳,自己的桂冠将为朝廷的摇篮提供遮阳的绿荫时,他们就高兴得热泪盈眶。同样大喜过望的拿破仑为这个孩子命名为弗朗索瓦·夏尔·约瑟夫·波拿巴,并封其为"罗马王"——这一目的是使人想起刚刚被其埋葬的神圣罗马帝国曾经用过的"罗马皇帝"那个尊贵的称号。1811年6月9日"罗马王"在三个月生日这天于巴黎圣母院举行了隆重洗礼——这也是拿破仑帝国的最后一次盛典,耗费达200万法郎。志得意满的拿破仑决定在一个比昔日查理曼大帝的帝国更为辽阔并且确定世世代代传承下去的帝国中,以巴黎为首都,以罗马为陪都,将来每一代"法兰西人的皇帝"都要在罗马进行第二次加冕,而刚刚诞生的"罗马王"将成为"联系二十个不同民族的纽带"。皇帝因自己的合法继承人的降生而大声宣告"现在我们的统治最辉煌的时代开始了"!

梦想的破灭

这一次,拿破仑·波拿巴大错特错了。皇帝独裁专横的统治和他刚愎自用的个性无法使他与兄弟们和睦相处。约瑟夫、路易、热罗姆这些由拿破仑赐封的国王们,一个个都不愿完全屈从于他的意志。拿破仑对此既困惑又愤慨,"我立一个兄弟为王,他便以为自己是上帝恩赐为王。他再也不是我的代理人,而是我要监视的另一个敌人"。甚至对此表示了后悔之意,"我原本就不该册封我的兄弟们为国王……我应该只任命省长和总督!"

波拿巴家族倔强的性格只是兄弟反目的表面原因,更重要的是这些新国王和他的国家有自己的诉求,有时候,这些诉求是与法兰西帝国的利益相悖的。拿破仑虽然口头上追求一个联邦性质的"欧洲合众国",本质上却是在建立一个独断专行的"法国高于一切"的集权帝国,与波拿巴家族的国王们的矛盾其实是无法调和的。

最严重的矛盾来自拿破仑旨在扼杀英国经济的"大陆封锁令",命令法国和他的同盟国无论在何处发现英国货物或臣民,都要予以没收或监禁,任何违抗命令的船只将予以扣留。起初,英国受到了沉重的打击,大不列颠第一次面临整个欧洲的挑战。可是,拿破仑那庞大的新帝国就像没有封装好的瑞士奶酪一样到处流出,荷兰国王路易带头违抗禁止与英国通商的命令,拒绝对英国货物关闭口岸。

"海上马车夫"荷兰以贸易立国。路易国王深刻认识到,封锁的铁腕将使荷兰各省本来十分繁荣的贸易和工业部门变得一片萧条,而要受到这个商业民族爱戴最有效的办法莫过于不采用拿破仑的大陆封锁令,继续与贸易大国通商,兄弟间的芥蒂就此产生。1810年3月23日,路易恭敬而谨慎地致信拿破仑,"毁灭荷兰远不是袭击英国的办法,反倒会因为工业和财富全都逃避到英国而更加增强其力量"。结果,暴跳如雷的拿破仑因此指责路易的统治太软弱,在应当显示权威的地方倒去笼络人心:"路易,你真是无可救药……你这国王是不想

▲/拿破仑二世(1811年—1832年)

当下去了……"毁灭的命运就这样降临到这个不幸的小国，两万法军开入阿姆斯特丹，1810年7月9日，荷兰被并入法兰西帝国，路易的王位被废黜。

兄弟阋墙的悲剧并没有就此结束。热罗姆的威斯特伐利亚王国原本是个富庶的国家，如今却被拿破仑强加的苛捐杂税弄垮了。信奉"以战养战"的拿破仑毫无顾忌地从这个名义上独立的国家攫取了巨额财富以供养法国军队，这笔钱当然全部由热罗姆的国库买单，在很短时间里，威斯特伐利亚官方的债务已经达到4700万法郎——而全境的税收只有3400万法郎！为了平衡开支，热罗姆已经变卖了一些国家财产和王室产业，但国家的负债仍在增加！他的德意志臣民对这位骑在头上的科西嘉君王已经怨声载道，以至于热罗姆时刻留有三匹乘骑在院内备鞍待命，另外还有三匹作为后备，一旦有事便可紧急逃离他的王国。走投无路的热罗姆只能哀叹"如果拿破仑放开我，让我成为真正的一国之君的话，那他就不应该这样对我，至少应该让我有一点儿为王的尊严"。

但这是不可能的。在拿破仑的铁腕下，"国王"只有"扩大了的县长的职权"。从那不勒斯被调去西班牙的约瑟夫几乎是上任第一天就开始后悔，倔强的伊比利亚人民拒绝服从刺刀护送来的国王，当时在马德里读小学的维克多·雨果记得，所有的西班牙孩子都在"为皇帝而战"的游戏里把拿破仑称为"Napoladron"，意为"拿破仑强盗"。这个傀儡国王，既已受到西班牙人的鄙视，反过来也遭到拿破仑的冷落，皇帝以西班牙必须自己筹措军费为借口，把北方四省置于法国将军统辖下，根本不买约瑟夫国王的账。接着，拿破仑又自食其言，不顾约瑟夫上任前保持西班牙领土完整的诺言，完全无视西班牙人的民族感情，将加泰罗尼亚并入法国，这迫使约瑟夫干脆请求辞去王位。虽然拿破仑没有同意这一请求，但众叛亲离的约瑟夫国王最后仍然被四处起义的西班牙人民和威灵顿率领的英军一道赶出了自己的王国。

最终，随着拿破仑在"百日王朝"后的彻底失败，拿破仑统治下的欧洲联合被均势外交主导下的"维也纳体系"取而代之。与此同时，整个波拿巴家族的王冠纷纷落地，一时间从欧洲政坛销声匿迹。三十多年后，昔日荷兰国王路易的儿子，"大伯父的小侄儿"夏尔·路易-拿破仑·波拿巴再次登上法国皇位，是为拿破仑三世，但他自始至终仅仅成为"法兰西人的皇帝"，从未再次提出欧洲联合的主张。这一理想显得过于超前，与民族主义兴起的19世纪格格不入，欧洲还需要经历两次大战的血与火的洗礼，才能走出一条用和平手段联合在一起的新路。

（《国家人文历史》2015年12期）

/ 1815年6月18日,大决战在滑铁卢展开

第一部分
拿破仑 王者归来

维多利亚之战
拿破仑的"西班牙溃疡"癌变

文 | 郭晔旻

> 不幸的西班牙战争使我完蛋。它是一个真正的溃疡,是法国失败的一个原因。如果我能够想象这场战争会给他带来如此严重的灾难,我决不发动它。但是在迈出这一步以后,再后退便不可能了……
>
> ——拿破仑·波拿巴于圣赫勒拿岛流放时期

"流血的溃疡"

1807年签订的《提尔西特条约》,标志着拿破仑达到了权力的顶峰。作为"法兰西人的皇帝"、意大利国王、莱茵邦联的保护人、瑞士的统治者,他的帝国版图广阔无比,西起大西洋、北达波罗的海、南至亚平宁半岛的靴尖,东端则已伸展到了巴尔干半岛的达尔马提亚海岸,足以令查理大帝和"太阳王"路易十四黯然失色。在法国的大臣和将领看来,拿破仑的伟大成就简直就像是一个奇怪的童话,而不大像历史中的事实。但是他们的皇帝却仍不满足:在英国没有屈服之前,欧洲就没有和平可言。可是依托海峡的庇佑,顽固的英国人依然拒绝媾和。自从特拉法尔加海战惨败之后,法国海军已经无法同皇家海军较量,更无法动用陆军去征服地处海岛之上的英国。拿破仑唯一打垮英国的希望就寄托在"大陆封锁"之上:凡是在法国及其盟国占领区,发现英国臣民或货物一律扣押和没收,断绝欧洲大陆与英国的一切经济往来,从而困死英国,不战而屈人之兵。

"大陆封锁"一度让英国经济陷入困境。由于英国进口的小麦有四分之三来自欧洲大陆,英国国内的小麦售价从每夸脱66先令飞涨到117先令。但是,主宰欧洲大陆的拿破仑却无法阻止统治大海的英国凭借自己的海上优势展开反制——走私,尤其是在法国南方海岸线长达四千公里的伊比利亚半岛,成了大陆封锁制度中最薄弱的环节。随着英国人的反封锁日见成效,伦敦的御用政论家因此嘲笑拿破仑"你们的封锁顶不了什么事"!"你们一心要把人家饿死,人家却吃得胀破了肚皮"!毫无疑问,这令拿破仑暴跳如雷。

/ 威灵顿公爵（1769—1852年）

1807年10月，为了关闭里斯本港这个英国人"取之不尽用之不竭的宝库"，拿破仑悍然对葡萄牙宣战，揭开了长达6年之久的"半岛战争"的帷幕。法军穿过西班牙领土，每日急行军14英里，未遇什么抵抗就在11月30日到达了葡萄牙首都，一切仿佛都很顺利。但是，拿下葡萄牙并不是拿破仑唯一的目的，拿破仑早就决心赶走马德里宫廷那个腐败无能的波旁王室，吞并"盟友"西班牙，使得在法西两国之间"不再有比利牛斯这条边界线"（这是当年路易十四的名言）。于是，打着进军葡萄牙旗号的法军顺手占据了西班牙的各个军事要地，这是再明显不过的"假途伐虢"伎俩。第二年5月，拿破仑图穷匕见，为西班牙选定了一个新国王，他的兄长约瑟夫·波拿巴，被废黜的西班牙王室成员在法国警察监视下前往指定的流放地——枫丹白露和瓦郎斯。不言而喻，与当时在拿破仑掌控下的其他"独立"国家一样，约瑟夫"国王"只有"扩大了的县长的职权"，西班牙变成了法兰西帝国的又一个附属国。

国家沦亡，西班牙人奋起反抗。可惜孱弱的军队远远不是久经沙场的法军对手。1808年7月14日，2.8万西军迎战人数不到一半的法军，竟遭到惨败，损兵折将达7000余人，而法军只死了70余人。但如同担任侵西法军总参谋长的茹尔丹元帅不止一次哀叹的那样"在别的国家，只要打两次像样的胜仗，就可以征服全部地区。可是在西班牙却完全不一样。你越是以为已经打垮了它的军队，它的人民就越发积极地拿起武器来反抗"。法军面对的不是一支军队，而是被民族主义热情坚定抵抗意志的全体西班牙人。一个西班牙老百姓对趾高气扬的侵略者说"打几年仗怕什么，我们赶走摩尔人（阿拉伯人）可花了800多年时光"！当时在马德里读小学的维克多·雨果记得，所有的西班牙孩子都在"为皇帝而战"的游戏里把拿破仑称为"Napoladron"，意为"拿破仑强盗"。这是一场真正的全民战争，一位法军士兵在家信里

/ 1813年6月21日,描绘维多利亚战争的绘画。1814年由伦敦L.哈里森·J.C.雷公司出版

感慨"这里从小孩到老人都是我们的敌人"。很快，遍地而起的西班牙游击队"变得如此之多和训练如此之好……控制了整个农村地区"，"这些敌人看不见，又到处存在，因为每一个山头都是他们的掩蔽所"，尽管已经小心翼翼，法军还是被游击队每天干掉好几百人，"寓言里被蚊子折磨得要死的狮子就是法国军队的真实写照"。伊比利亚半岛变成了拿破仑的庞大帝国中"流血的溃疡"。

"铁公爵"登场

半岛战争的爆发不但令拿破仑失去了原先作为盟国的西班牙从1803年10月开始缴纳的每月600万法郎的贡赋，每个月还要额外付给西班牙的法国占领军军饷达3000万法郎之巨。西班牙人的起义更是让美洲殖民地因此向英国无条件开放，连拿破仑自己也为之忧心忡忡："战争已经把西班牙的殖民地变成了英国的商业市场，我承认那是不幸的，因为再过两年，那些市场将可能抵销对欧洲大陆的出口。"

就在"西班牙溃疡"开始发作的时候，英国人又在拿破仑的伤口上撒了把盐。1808年6月，英国政府决定以伊比利亚半岛为突破口，派遣一支远征军去阻止拿破仑的进一步扩张。8月1日，一支1.23万人的英国远征军在葡萄牙海岸登陆，一个重要人物就此登场,他就是英军统帅,陆军中将阿瑟·韦尔斯利爵士。此公日后受封第一代"威灵顿公爵"(以下皆以此称呼),人送外号"铁公爵",在1852年威灵顿的葬礼上,维多利亚女王曾称他为"19世纪以来最伟大的人"。他是拿破仑后半生最可匹敌的战场对手。

威灵顿与拿破仑同龄,都出生于1769年(威灵顿年长3个月),但除此之外,此二人几乎没有共同点。拿破仑出生在科西嘉岛的一个破落户家庭,小时候还因为说不好法语受到同学的嘲笑;威灵顿却是个货真价实的官二代,作为都柏林的豪门,威灵顿的哥哥是权势熏天的英属印度总督,威灵顿从小念的是赫赫有名的英国精英的摇篮——伊顿公学。拿破仑从小就有投笔从戎大志,自愿投身军伍;威灵顿却是读书读不下去才去吃粮当兵,用其母亲的话说,威灵顿"愚笨、说话缓慢、举止粗鲁,只配当兵闻火药味"。在军旅中,拿破仑凭借自己的军事才能步步晋升,而威灵顿却是一路靠着令人不齿的捐官(这是当时英国军队的体制问题)才当上了中校。对于战争,拿破仑崇尚进攻,"一个人总是应该先动手攻击的。如果允许别人进攻自己,那是一个极大的错误";威灵顿的军事思想却是"先抗击敌人的猛攻"!对待手下的士兵,拿破仑主张"不用皮鞭而用荣誉进行管理",废除了中世纪野蛮的体罚制度;在这方面,威灵顿却是个反面典型,他以贵族的傲慢无比地蔑视平民以及他统帅的那些来自平民的士兵,称他们

> **对于战争,拿破仑崇尚进攻,"一个人总是应该先动手攻击的。威灵顿的军事思想却是"先抗击敌人的猛攻"!**

是"地上的唾沫""一群流氓""一群混吃喝而来的只能用鞭子管教的人"。如此迥异的两个人却成为宿命之敌,不禁令人感慨历史的有趣。

说到威灵顿的战争,不能不提那个被无数中国励志书和语文试卷(通常是作文)引用的"将军与蜘蛛"的故事。一只蜘蛛在风雨中拼命地结网,却一次又一次被无情的风雨吹破,可蜘蛛却毫不气馁仍然一次又一次地吐丝结网,终于在第七次的时候把蜘网结成,以此激励因为战败而意志消沉的将军。这个"将军与蜘蛛"的故事由来已久,主人公也有其他的版本,比如苏格兰的布鲁斯——"勇敢的心"的历史原型。但也许是因为威灵顿是他们中声望最高的一个,因此二百年来,这只神奇的蜘蛛主要伴随的是他。不可否认这样的小故事很难分辨是否

属于史实,但可以肯定的是后世的人们从这位统帅身上看到了坚韧不拔的"蜘蛛精神"。在长达数年的时间里,威灵顿以手下不过二三万人的孤军抗击了数量占绝对优势的法军,无论拿破仑是如何走马换将,始终在伊比利亚半岛屹立不倒!这真是一个奇迹!当1810年过去的时候,威灵顿自豪地给家里写信"现在我是半岛上仅存的部队指挥官了。我相信就全欧洲而言,这也是唯一一支敢于同法国人一决雌雄的军队"!

当然,威灵顿并不是一个人在战斗,遍地而起的西班牙起义者拖住了法国人的手脚,"法国军队除了大部队一起行动外,单个或少数从来不敢外出,否则就会成为西班牙一支庞大游击队的牺牲品",多达30万的驻西班牙法军往往只能抽调7万人去对付威灵顿;相反,对于威灵顿和他的英军而言,伊比利亚半岛上的"每个农民和教士都是一个同盟者,一个情报来源,一个积极的杀手"。人心向背,以至于斯。

决战维多利亚

"半岛战争"持续到了1813年,法国人的气焰一落千丈,甚至哀叹"即使帝国投入全部的力量也征服不了半岛"。约瑟夫国王能想出的办法就是向他的弟弟乞讨救兵,可是拿破仑这时候也是自顾不暇,60万大军东征俄罗斯的壮举以惨败告终,昔日横扫欧陆的"大军团"已经不复存在。哥萨克于身后衔尾急追,欧洲大陆上的"盟国"亦正在蠢蠢欲动。拿破仑亟须重组自己的东线大军,为此,不但没有给焦头烂额的约瑟夫派来援兵,反而从西班牙抽调了1200名军官、6000名军士和24000名老兵回国,充实他刚刚征集起来的新军。更令人惊讶的是,身处巴黎的拿破仑在经历了俄罗斯雪原的惨败之后,往日敏锐的洞察力仿佛也不复存在,他竟然希望被威灵顿的打击和自己的釜底抽薪大大削弱的西班牙法军在伊比利亚半岛上取得一两次辉煌的胜利来挽救自

◀ / 维多利亚战役纪念碑

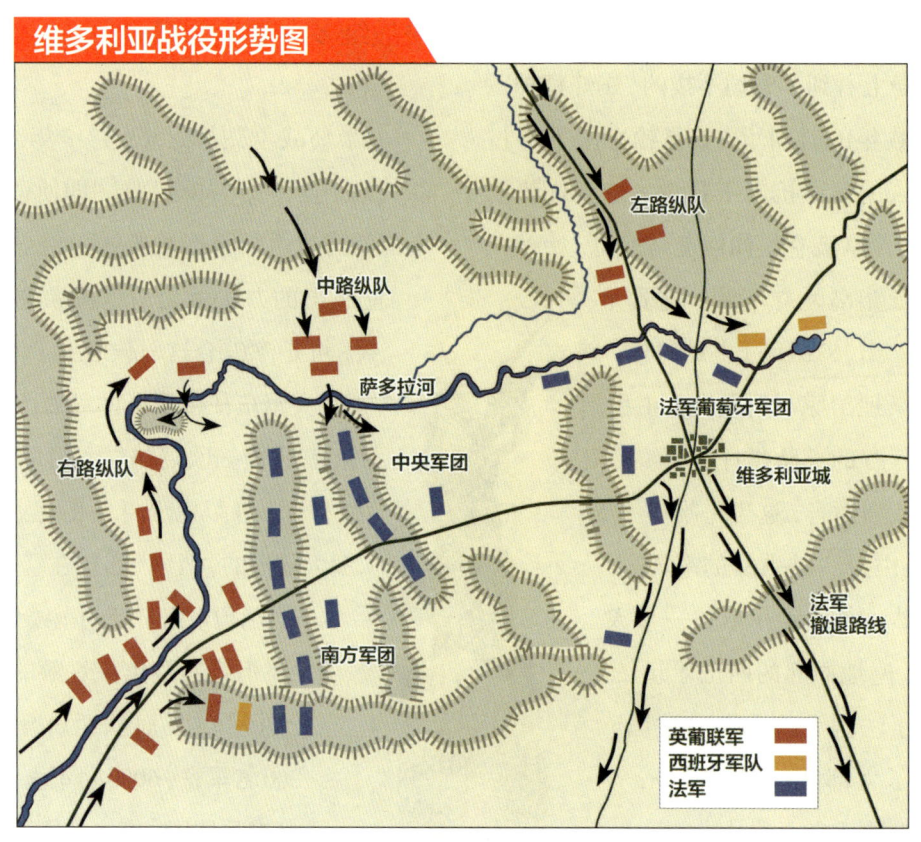

维多利亚战役形势图

己的声誉和根基受到动摇的帝国!

这是不可能完成的任务。"西班牙溃疡"已经发生了"癌变",伊比利亚半岛上军事力量的对比发生了很大的变化,英国人开始主动出击。5月22日,威灵顿亲率大军从葡萄牙向西班牙进发。在穿越西、葡边境时,回想过往的艰难岁月,威灵顿不禁激动得热泪盈眶,挥舞着军帽,大声喊道"永别了!葡萄牙!我将永远不再见到你"。

约瑟夫和拿破仑手下的一些高级官员倒是比皇帝陛下现实得多。得知威灵顿前来的消息之后,法军放弃马德里,向北渡过埃布罗河,直至维多利亚盆地南面,筋疲力尽的法军才停下了脚步。法军的阵地长19千米,纵深11千米,周围环山,北西两面以萨多拉河为屏障,奇怪的是晕头转向的法国人竟然忘记毁掉河上的几座桥。此时法军还有6.6万军队和152门大炮,约瑟夫指望在这里得到本土的增援,依靠有利地形继续抵抗。跟随军队一起从马德里逃到这里的还有约瑟夫的整个朝廷、一大群生怕受到西班牙人民清算的傀儡官员和大量的随从,有人不恭敬地自嘲，这是"一个流动的大杂院"。在一片混乱中，出乎法军的意料，原本紧随其后的威灵顿竟然突然不知去向，完全从视野中消失。约瑟夫和周围的高级军官一时间弹冠相庆，误认为威灵顿过于胆小谨慎，已不敢继续追击。但实际情况恰恰相反，此时的英军正在翻越坎塔布连山，突袭法军背后。

法国人对潜在的危险浑然不知，直到6月21日，才突然发现英国、葡萄牙和西班牙联军7.2万人（其中英军近6万）和60门大炮只用了30天时间就急行500英里，跨过6条河流，横穿西班牙西北部，到达维多利亚附近。维多利亚是西班牙巴斯克自治区首府，这座中世纪初期西哥特人为了庆祝战胜而建的城市将见证威灵顿的辉煌胜利。6月21日上午8时刚过，不给法军任何喘息机会的威灵顿率领联军分3个纵队从西面几座无人防守的桥上渡河，向法军的整个战线挺进。

维多利亚之战是整个半岛战争中英军第一次在兵力上占有优势的战役，威灵顿更采取了一个新的战术来对付法国人。在法国大革命以后，在十八世纪流行一时的"线形战术"已经被纵队战术所取代。法军的一个营由单个的连队列成纵队，每行四十人，前后共十八行，或是由成对的连队列成纵队，每行八十人，前后共九行，所以在排枪齐射中，前两行是以八十或一百六十发子弹射击。而威灵顿采用了两排而不是三排的线形，八百人的一个营一次能齐射八百颗子弹，同时，英军所使用的步枪子弹要比法国人的更重，因此威力也更大。不过，这种在纸面上显得完美的新战法也有其弱点，这种队形由于正面过宽，在两军接近时，兵营就会遭到很大损失，队伍容易溃散。因此，这种战术必须以铁的纪律和体罚进行训练——好在英国的岛国属性使得它迥异于欧陆国家，可以维持一支规模较小但训练有素的职业陆军，直到第一次世界大战，英国优秀的职业步兵都享誉整个欧洲。

在英军的新战术面前，法军节节败退，在首尾约3英里的崎岖不平的地面，法军且战且退，走到维多利亚城边的山坡时，英军冒着硝烟弹雨进行白刃冲锋，一举夺占俯瞰法军阵地的山头。法军终于不支，退入了维多利亚城。

这是一个错误的决定，这座城镇绝非避难之所，而是难以逃生的陷阱。约瑟夫的军队现在陷入了可悲的困境。他们被困在维多利亚壅塞不堪的街道上，被英军阵地射来的炮火打得七零八落。法军的残部在潮水一般在街上涌来涌去，不知如何是好。下午4点，约瑟夫鼓起最后的勇气调动预备队进行反击，但随即被英军的排枪齐射击退，法军再也无力支撑，连夜弃城向比利牛斯方向撤退。只持续了不到一天时间，维多利亚战役就落下了帷幕，同时也宣告了半岛战争的终结：距离威灵顿的英军从葡萄牙出发仅仅一个月时间，法国在伊比利亚半岛的统治就已经不复存在。因为此战的辉煌胜利，威灵顿被晋升为元帅。

"拿破仑的征服者"

法国人的噩梦还没有结束，从维多利亚的撤退很快变成了溃逃。直到法国边境的一路上，"大炮、倒翻了的马车，遗弃的军用两轮车，受伤的士兵、平民、死马和死驴布满了大地。"在身穿红色制服的英军轻骑兵如同一团烈火般的追击下，失魂落魄的法国人更是拼命快逃，约瑟夫国王丢掉了抢来的多幅意大利名画，抛弃马车，跨上马背，只身逃回法国，身上只剩下一个拿破仑（金币）；法国炮兵斩断了牵引大炮的绳索，只顾自己骑马逃命；法国人总共扔下了415车弹药、100辆军车和151门大炮，可说是把法国在西班牙的全部军用装备都丢光了，甚至连茹尔丹的镶金元帅节杖也落到了对方手里，成为英国军队的战利品。作为胜利者的英军官兵当然不会放过这个发横财的好机会，所掳掠的各种财物价值达百万英镑。战利品的诱惑几乎让人无法抗拒，英军的军纪一时荡然无存，就连一向铁腕的威灵顿也只能无可奈何。

一周之后，维多利亚惨败的消息传到了正在德累斯顿指挥法军作战的拿破仑那里，皇帝对此错愕不已："当前在西班牙发生的事情如此荒唐，简直难以想象。（约瑟夫）国王本来可以集结10万精兵，这支军队足以击败整个英国！"为了避免惨败的消息影响在易北河两岸和奥得河畔前线苦战的法军士气，拿破仑只能打落牙齿往肚里咽，下令官方刊物只做这样的报道：法军在维多利亚经过一场激战，正在阿拉贡集中，由于缺乏马匹而遗留在城里的大炮和车辆共约100件被英军缴获。

但是，纸里毕竟包不了火，事实真相很快传遍了欧洲。威灵顿发布的政府公报被印成了法文、荷兰文、德文后被广为散发，甚至正在英吉利海峡捕鱼的法国渔船上也听到了这个令人不爽的消息。而反法同盟各国的反应却是"约瑟夫国王总算在那里受到了惩罚"，他们太需要这样一场胜利了，为此，对威灵顿不吝辞藻的赞美扑面而来，他被尊为"拿破仑的战胜者"。沙皇亚历山大一世听到消息后下令大唱感谢上帝的赞美诗，"为沙皇军队并未参加作战的一次胜利而唱感恩赞美诗，这是破例的第一次"；阴沉的普鲁士国王露出了笑容；瑞典人现在是一个更忠实的盟友了，甚至连奥地利帝国皇帝弗兰兹二世也不再摇摆，正式宣布参加反法同盟，拿破仑的"西班牙溃疡"将自己的岳父推到了敌人的阵营。

人民则用另一种方式来庆祝维多利亚

◀ / 版画，维多利亚战役结束后，英军士兵拍卖所获战利品

之战的胜利，大音乐家贝多芬闻讯后，为对伊比利亚半岛人民反侵略斗争的胜利表示热烈的祝贺，写下了作品号91的"威灵顿的胜利"，或"维多利亚战役"（Wellingtons Sieg oder die Schlacht bei Vittoria, Op. 91），深受公众欢迎。

1813年的整个夏天，维多利亚的炮声在全欧洲回荡，威灵顿已经从西班牙舞台走向了欧洲，他与拿破仑的恩怨还没有结束，在两年后的滑铁卢战争，作为"拿破仑的战胜者"，威灵顿第一次也是最后一次面对面击败对手，彻底埋葬"百日王朝"和拿破仑的政治生命。

（《国家人文历史》2013年12期）

/ 油画，描绘拿破仑入侵莫斯科失败后，率军撤出

1812年俄法之战
拿破仑惨败的十要素

文 | 熊崧策

1812年6月24日，拿破仑跨过涅曼河侵入俄罗斯境内，在他身后，有60万大军整装待发。他对自己的亲信说："我有一张地图，上面标注着各国的财富和由第比利斯到印度的路线……莫斯科被我们攻占后，俄国战败了。难道法国佩剑所指之处，还不足以使全印度的小贩们喧闹的舞台崩溃吗？"在他的辎重车队中，有几辆得到特别保护的马车，车内装着他准备竖在克里姆林宫内的个人雕像和帝徽……

当年年底，60万大军只有可怜的2万人逃出俄国。法军横扫欧洲大陆的不败神话自此破灭，拿破仑建立的法兰西第一帝国从巅峰走上下坡路。回望这一惨痛的失败，有10个因素让一代天骄饮恨终身，一蹶不振。

1. 两线作战，拿破仑有些自大

1809年7月，法军击败奥地利军队，胜利结束了法奥战争。此后，整个欧洲，只有伊比利亚半岛的战火还时断时续地燃烧着，但拿破仑不怎么担心。他相信，自己坐镇巴黎，不断给前线以指示，几名元帅是能平定西班牙的。最坏的情况不过是自己跑一趟西班牙，一切问题就可迎刃而解。

10月12日，拿破仑在检阅近卫部队时，一个萨克森青年大学生行刺他未遂。这让拿破仑的注意力从西班牙转到另外一件更为重要的事情上来——自己开创了可以与亚历山大大帝和查理大帝相媲美的功业，但却没有继承人，如果自己遭遇不测，那么帝国也将分崩离析。约瑟芬皇后已经丧失了生育能力，自己的几个兄弟也不成器。唯一的解决办法就是和约瑟芬离婚，再娶一个可以生儿子的皇后。12月15日，拿破仑与约瑟芬办完了手续。新皇后的物色工作也紧锣密鼓地开始进行，必须是出自皇室的公主才能门当户对，可选择的对象并不

▲ / 沙皇亚历山大一世戎装像

多,英王室是拿破仑死敌,不可能,剩下的只有俄国和奥地利。

之前,拿破仑曾向沙皇亚历山大一世试探过,欲挑沙皇两个未出嫁妹妹之一为皇后。亚历山大委婉地回绝了。之后,沙皇赶紧把大妹妹嫁掉。这年,拿破仑再次提出娶沙皇的小妹妹为皇后,沙皇又婉拒了,说辞是:自己虽然非常乐意当拿破仑的大舅哥,但皇太后认为女儿只有16岁,年龄是不可克服的障碍。拿破仑转而求亲于奥地利皇室,最终和奥皇的长女结婚。沙皇对于法奥联姻非常恼火,自己又少了一个可以拉来对付拿破仑的强大盟国。

当然,拿破仑的婚事只是法俄关系破裂前的一个小插曲。更为深层次的原因是,在海上无力征服英国的拿破仑制订了一项"大陆封锁政策",禁止法国的属国和盟国同英国进行贸易,想要拖垮英国的经济。英国是当时的世界工厂,不和英国人做生意对于大陆各国非常痛苦。就连拿破仑的亲弟弟、荷兰国王路易·波拿巴对此都阳奉阴违,依旧和英国保持着贸易往来,导致拿破仑不得不罢黜路易,把荷兰并入法兰西帝国的版图。失去了英国这个贸易伙伴,俄国也吃不消,亚历山大一世允许600多艘商船伪装成中立国船只把英国货运到俄国,经陆路这些商品再流入普鲁士、奥地利,拿破仑的所谓"大陆封锁"徒有虚名。用军事手段让俄国就范,

对一个征服者来说是再合理不过的选择。

让两国关系紧张的还有波兰问题,拿破仑千方百计地鼓动波兰独立,扶持华沙大公国,这让沙皇感到很大的威胁。而拿破仑对此毫不让步,他说:"即使俄国的军队驻在巴黎蒙马特区,我也不会让出华沙一寸领土和一个村庄,就是一座风车也不让。"

或许,终极原因是征服世界的雄心,拿

/ 油画，描绘的是1812年9月7日博罗季诺战役，德国画家彼得·冯·海斯作于1843年

破仑很早就说："只要俄国每年还出生50万婴儿，我就绝不满足于在欧洲已取得的胜利。"对俄战争箭在弦上，拿破仑放弃了亲征西班牙的想法。而事实证明，法军就是拿破仑操控下的一架战争机器，没有拿破仑的弹压，手握重兵的元帅们各行其是，西班牙战事久拖不决，25万精锐部队就此陷在没完没了的游击战当中。

面对俄国这个庞然大物而不能全力以赴，拿破仑确实有些自大。

2. 多国部队，人数惊人但不精锐

在战略上藐视敌人，在战术上，拿破仑对俄国还是相当重视的。战争准备在1811年底开始，拿破仑认真研究了未来战场的情况,阅读了所有在波兰和俄国进行的历次战役的法文资料。他让手下的人翻印了俄国地图,把许多有关俄军情况的俄文资料翻译成法文呈送给他。12月16日,在西班牙征战的近卫军被全部召回,三天后,拿破仑命令在波兰、符腾堡、汉堡、威斯特法利亚、奥地利买马一万匹。

1812年5月9日,拿破仑与皇后一起离开巴黎,并于5月16日在德累斯顿设立了他的大本营。他把属下各个王国和公国的君主们全部召到德累斯顿,在那里大宴宾客,举行各种庆祝活动,这是拿破仑最后一次显示他法兰西帝国皇帝的威严和奢华气派。

与此同时,拿破仑积极调兵遣将,纠集了欧洲历史上最强大的兵力,总数超过60万,但只有25万是法国人,剩下的都是来自奥地利、普鲁士、意大利、波兰的外籍军团,这些被拉来的炮灰是不可能和拿破仑同心同德的。法军人数虽然吓人,但是并不都是精锐。

6月22日,拿破仑对大军发布作战命令,他号召:"前进吧,渡过涅曼河,把战争带到俄国领土上。"6月24日,法军以300名波兰士兵为前导,在科夫诺城附近,经由四座桥梁跨过涅曼河,入侵俄国。拿破仑也于当日进入俄国国境。

3. 后勤保障,满足不了征俄需要

兵马未动,粮草先行。拿破仑仅在普鲁士就征粮6000万公斤,马20万匹,牛4万头,酒7万瓶。为了储存和运送军用物资,拿破仑在丹泽(今波兰格但斯克)、华沙等地设置了大型仓库,并计划进入俄境后,在维尔纳(今立陶宛首都维尔纽斯)、明斯克、斯摩棱斯克等地设立仓库。战前一个月,拿破仑储备的弹药也到位,多数火炮配备的炮弹达600—1100发。

从表面上看,拿破仑的准备是充分的,其实这个后勤水平根本满足不了征战俄国的需要。法军有60万人和25万匹马,1天就需要给养7000吨,消耗其总运力的70%;加上随军携带的4000

/ 俄军将领巴格拉季昂,领导了斯摩棱斯克防御战

/ 俄军总司令库图佐夫,以其老将的智慧让拿破仑最终败北

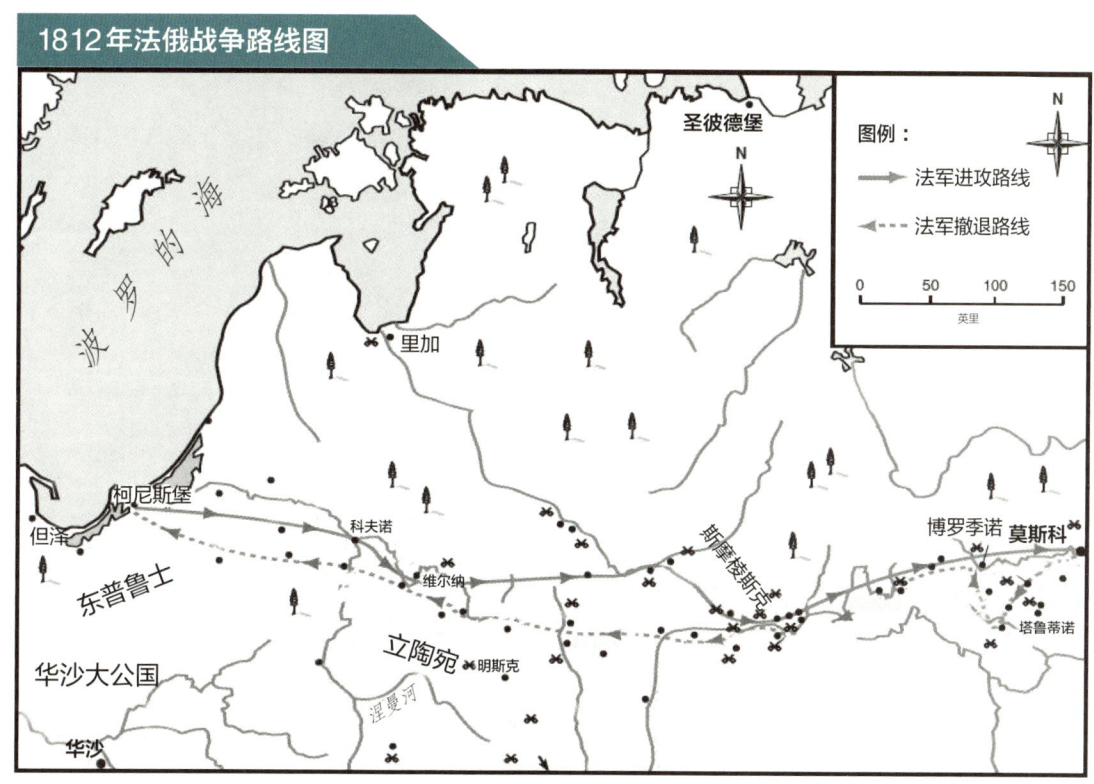

1812年法俄战争路线图

吨弹药，法军的运力充其量只能保障军队1天的消耗量。再加上行军将要经过乌克兰荒原，无法就地取粮，大多数物资需要从战略后方前送，后勤保障的压力将非常巨大。

4. 贻误战机，大军不能一拥而至

拿破仑根本没想着在俄国打一场冬季战役，他指望尽早与俄国陆军大臣巴克莱指挥的俄军主力在立陶宛的维尔纳附近的开阔地带进行决战，并一举将俄军击败。

在没有遇到任何抵抗的情况下，1812年6月28日，拿破仑进抵维尔纳。他在维尔纳滞留了18天。一些战史学家认为，这是拿破仑在征俄之战中的最大错误之一，他贻误了战机，使得俄军南北两个集团军从容后撤，逃出法军的包围圈，最终在斯摩棱斯克会合。

深知兵贵神速的拿破仑有不得已的苦衷，几十万部队不可能一下子蜂拥而至，只能逐步开来，依次渡河，他要等后续部队基本上到齐，才能继续开拨；此外，热浪和大雨侵害着全军的健康，刚刚进入俄国的法军士兵，很多人得了痢疾。由于连降滂沱大雨，本来数量有限的马车小道，在大军开进时遭到车轮的反复碾压，以致更加难以通行。

5. 战线过长，供给更加雪上加霜

俄军一味地退却让拿破仑在边境上速战速决的计划破产，他不得不尾随俄军向俄罗斯广袤的国土纵深，随着战线的拉长，本就非常脆弱的法军后勤更加雪上加霜。普鲁士和波兰集中的大量物资根本无法运往前线。从丹泽开往涅曼河的货船经常被英国战舰劫夺。再从涅曼河的港口把军需品运往路上各地，马匹的消耗也十分惊人。士兵们得不到食物补给，只好挨饿，抢劫行为屡屡发生。燕麦不足，法军只好给骡马喂黑麦，导致军马大批量倒毙。牵引火炮的骡马严重匮乏，法军不得不抛弃了一百门火炮和五百辆弹药车。

从波兰边境线到莫斯科有1000多公里，至少行军82天。以畜力为主的运输队，每天要消耗其运量的十分之一。随着法军不断深入俄国疆土，耗费在路上的物资越来越多，运抵前线的越来越少。另外，战略要地要派兵留守，拿破仑越靠近莫斯科，手中可用的兵力也越来越少。

6. 正面硬撼，求胜心切战术失败

8月1日，俄军两大集团在斯摩棱斯克会合，巴格拉季昂等俄军将领认为，继续退

第一部分
拿破仑 王者归来

/油画，拿破仑军队的撤退，瓦西里·韦列夏金作

/ 油画，描绘1812年9月15日莫斯科大火

却是俄罗斯民族的耻辱。本来想继续向腹地收缩兵力的巴克莱不得已改变计划，决定在斯摩棱斯克打一场防御战。

8月16日，法军抵达了斯摩棱斯克西岸的第聂伯河岸边，第二天晚，城内传出了震耳欲聋的爆炸声，接着火光腾空而起。俄军炸毁自己的军火库，放火焚烧建筑物后再次撤退。8月18日，拿破仑闷闷不乐地巡查了已成空城的斯摩棱斯克，两天的猛攻，法军付出了一万两千人的伤亡代价，还是让俄军溜走了。

俄军的不断后撤，避免过早决战，引起了拿破仑的急躁情绪。他固执地采用正面进攻的战法，拒绝了有人提出的同时迂回机动的建议，因为他生怕侧翼迂回会导致敌人马上溜走，决战机会丧失。求胜心切让拿破仑放弃了自己一贯行之的有效战术，变得机械僵硬。

7. 保存兵力，失去打垮对手机会

8月20日，一路退却的巴克莱被免职，沙皇任命67岁的老将库图佐夫为作战部队的总司令。库图佐夫深知，巴克莱"以空间换时间"，伺机寻找反击机会的决策是正确的。但他也明白，不经过一场激烈的交战就放弃莫斯科没法向俄国人交代。战场选择在莫斯科以西124公里的博罗季诺村。

拿破仑非常兴奋，他终于等到了毕其功于一役的机会。9月7日，自战争以来最大规模的交战爆发。法军有13.5万人，火炮587门；俄军有12万人，火炮640门，算得上势均力敌。

中午12点，多次受挫的拿破仑调整部署，集中了4.5万人和400门火炮对俄军左翼1.5公里的阵线再次发起攻击，俄军在这里有1.8万人和300门火炮。激战中，巴格拉季昂重伤。法军终于突破防御，占领了俄军部分阵地。为了彻底突破俄军防御，打垮库图佐夫，缪拉和内伊几次向拿破仑建议，请求皇帝把预备队和近卫队投入战斗。可是，建议遭到拿破仑拒绝，他认为，莫斯科城下还会有一场恶战等着他的近卫军。

与之相反，库图佐夫果断地把预备队投入战斗，对法军的左翼发起猛烈的突击。这一突袭打乱了法军的计划，迫使法军放缓了主攻方向的进攻。

下午4点，法军在付出惨重代价后，终于攻占了俄军左翼几个主要的堡垒，但却无法纵深扩张战果。黄昏时刻，双方都停止了进攻，经过一天的血战，俄军伤亡4.5万人，法军伤亡5万人。

夜幕降临，俄军利用夜色向莫斯科撤退。

9月13日，库图佐夫大胆地放弃了莫斯科，俄法之间攻守易位。拿破仑预想的莫斯科城下之战没有发生，在博罗季诺保存的实力也没有派上用场，而打垮俄军的机会在9月7日的中午一去不复返。

8. 烈火焚城，俄军在眼皮下消失

9月14日，法军先头部队进入莫斯科，拿破仑得意扬扬地说："一座被征服的城市，就像是一个失去贞操的女子……今天我们终于来到了莫斯科这座名城！"15日，他进驻克里姆林宫。

当天晚上，莫斯科燃起大火。俄军在撤离之前，放火烧毁了不能运走的一切食品和军需品，包括所有消防灭火工具。到17日，由于刮了一夜的大风，整个莫斯科都被大火笼罩，连克里姆林宫的一部分也被点着，拿破仑只好搬出来。莫斯科原有9151栋房屋，这次大火共烧毁6496栋。

拿破仑忽然发现，他虽然占领了俄国的心脏莫斯科，实际上什么也没得到。更重要的是，库图佐夫去了哪里？拿破仑向各条大道派出部队，想摸清俄军主力的行动方向，但一无所获。恐怕在军事史上这都是十分罕见的战例——近10万之众的军队突然在敌人的眼皮底下"消失"。

库图佐夫完成了一次著名的机动行军，他在撤出莫斯科后先向东行，然后一个紧急调头，最后跑到莫斯科西南方的塔鲁季诺停了下来。这里既可以保护俄罗斯的军工重镇图拉，又可以威胁拿破仑的交通线。库图佐夫对陪同他的将军们说："从现在起，我们寸步都不退了，该着手大干一场了。要把武器好好检查一下。要记住，整个欧洲和可爱的祖国都在注视着我们呢！"

不知道是拿破仑的无知还是参谋人员的疏忽，要么就是拿破仑根本没有准备在俄国过冬，法军的马匹没有在蹄铁上钉防滑钉

拿破仑在莫斯科的日子不好过，他的补给线经常受到哥萨克的侵袭，部队待在空城内也丧失了机动性，他试探性地派出使节想和沙皇讲和，亚历山大一世此时底气十足：只要俄国土地上还有一个法国士兵，他就不谈判。

10月13日，1812年的第一场雪飘落在莫斯科，拿破仑再不走恐怕就走不了了，他决定回到立陶宛去过冬，来年再作打算。10月19日，法军撤出莫斯科。

9. 准备不足，战马雪地无法行走

法军的撤退方向是莫斯科西南，用意非常明显，走一条未经战火洗劫的道路。此时不得不佩服库图佐夫的老谋深算，他早已在这个方向上严阵以待。10月24日，两军再次接战，法军在被击毙5000人后占领了俄军阵地，但库图佐夫并没有远去。第二天，拿破仑在视察战场时险些被一小股哥萨克骑兵活捉。当天他命令军医给他毒性剧烈的鸦片溶液，以便被俘时服用。同时他做出决定，避免再和俄军血战，折向西北，按进攻莫斯科的道路原路返回。

11月3日，担任后卫的内伊又和俄军发生了激烈的战斗，法军连死伤带被俘，损失9000人。11月6日，冬季的第一场暴风雪袭来，本就遭受饥饿、疲劳和哥萨克袭击的法军受到灾难性的打击。积雪覆盖了荒野中的一切，数以千计的士兵一批批倒毙在风雪中。不知道是拿破仑的无知还是参谋人员的疏忽，要么就是拿破仑根本没有准备在俄国过冬，法军的马匹没有在蹄铁上钉防滑钉，战马在雪地上极难行走，许

△ /拿破仑在莫斯科。俄罗斯著名战争画家瓦西里·韦列夏金作于1900年

多马匹滑倒,摔断了腿。哥萨克们为此大声欢呼:是上帝让拿破仑忘记了俄国有冬天。

拿破仑于11月2日到达斯摩棱斯克,他只剩5万余名官兵,其中骑兵只剩5000余人。大部分兵团仅剩下一个番号,有的军能持枪战斗的士兵只有几百人。

10. 完美注脚,伟大到荒谬只差一步

11月14日,拿破仑离开斯摩棱斯克,本来他想退往最近的补给兵站明斯克,但11月22日,他得知明斯克已被俄国海军上将奇恰戈夫占领。拿破仑被迫取道更北的路线退往立陶宛,这条路上横隔着别列津河。河上只有一架桥,已被奇恰戈夫焚毁。由于俄军就在河对岸,法军不敢在原来的位置搭桥。更诡异的是,天气骤然转暖,冰河融化,泛滥的河水夹着大块的浮冰自上而下,步行过河也不可能。法军只得在更北的地方架设两座桥梁。

11月26日傍晚,法军开始渡河。第二天,俄军分三面袭来。他们用炮火猛轰两座浮桥,封锁通往桥梁的道路。两座桥上塞满了死尸,而争相逃命的法军不顾一切地向桥上涌来。在人员和车辆的重压下,一座桥不堪重负坍塌,人们又涌向另一座。许多人在绝望之中跳进河里,试图泅渡,但漂浮的冰块和严寒夺去了大部分人的生命。29日,法军后卫部队烧毁了桥梁,把万名士兵留在了东岸。哥萨克骑兵冲来,河边立即变成修罗场。事后,河道上露出了大约1.2万具尸体。

渡过别列津河后,拿破仑松了口气,法军残部已经没有被歼灭的危险了。12月5日,拿破仑抵达维尔诺,将指挥权交给缪拉,自己则要在惨败的消息传到巴黎之前赶回法国,稳住有可能动荡的局势,做好欧洲形势恶化的准备。此时,60万大军只剩下2万,那支让整个欧洲战栗的大军实际上已经不存在了。

在路过华沙时,拿破仑对一名神父说了句名言:"从伟大到荒谬只差一步。让后代去评论吧。"这句话也许是1812年征俄之战最完美的注脚。

(《文史参考》2012年12期)

/ 莱比锡战役后的胜利宣言。约翰·彼得·克拉夫画于1839年

莱比锡之役
欧洲民族大会战

文 | 郭晔旻

莱比锡，德国东部的第二大城市，歌德笔下的"小巴黎"。这座美丽城市的地标是高达91米的民族大会战纪念碑。这座落成于1913年的欧洲最高纪念碑用来纪念距今两百年的莱比锡战役——"民族大会战"。

从伟大到荒谬只差一步

对于法兰西帝国而言，1812年的俄罗斯之役是一个巨大的灾难。大量官兵安息在俄罗斯荒原的白雪之下，许多人落在沙皇的监狱里经受苦难的折磨。这年夏季渡过涅曼河的60万法军最后只有三万余人拖着饥肠辘辘遍体冻伤的身躯返回河西，曾经让整个欧洲为之战栗的"大军团"已经不复存在。但拿破仑本人不以为意，在撤回巴黎途经华沙时，他对附庸国萨克森国王的使节普拉特神父说了一句名言："从伟大到荒谬只差一步，让后代去评判罢"。此时，俄军正在溃退的法军身后步步追击，拿破仑帝国的"同盟国"也正在蠢蠢欲动，企图脱离法国的控制轨道，拿破仑亟须以新的胜利来巩固对"同盟国"的统治，为此，他必须尽快重建法军。

由于远征俄国造成的巨大伤亡，法军下级军官极为缺乏，于是军官学校中的200名候补生被立即任官，100名服务10年以上的士官也都被提升为少尉。还在法军从莫斯科撤退途中的1812年11月，拿破仑就下令将1813年度的新兵13.5万征召入伍，当拿破仑回到巴黎之后，新兵已经接受训练了。随后拿破仑又提前征召了1814年度的新兵，这样他又有了10万生力军。在前几年缓征的人员和宪法规定只能在国内服役的国民自卫军这回也被统统编入野战部队。这样肆无忌惮地强拉壮丁却没有激起法国人民的反对声浪，一方面是因为法国人还沉浸在大革命时代以来《马赛曲》带来的爱国热潮之中，另一方面也是因为对于当时占法国人口大多数的农村子弟而言，生活在军营里就如同生活在城堡中一样。"在圣丹尼，打听最好的旅馆，那就是兵营。在万森，士兵住在国王的房间。在阿维尼翁，他们住在教皇的宫殿"；士兵们吃的更是比农民的儿子好得多,"当他得到一大块牛肉,外加足够量的土豆时,他惊呆了。他每天的食物都比他在家礼拜天吃的还好,面包非常可口,比法国四分之三的村庄吃的面包都白"。拿破仑对其权力的柱石倾注了无比的热爱,为筹措军费,这位"法国人的皇帝"慷慨捐出了价值八千万法郎的私人财产。

经过拿破仑三个月的不懈努力,一支新的大军初具规模。除了由1.2万名步兵、3000名骑兵和60门火炮组成的近卫军作为拿破仑的战略预备队和"撒手锏"之外,东征的法军编成41个步兵师和11个骑兵师,兵力达到22.6万人和457门火炮。重建的法军的"软肋"在于骑兵,虽然编为172个中队,总共却只有1.5万人,军马严重缺编而且几乎所有的老骑兵已在俄国牺牲殆尽。拿破仑下令国内总动员,每个省提供250匹军马(每匹应补偿300法郎,最后不了了之)和111名全副武装的骑兵,终究由于巧妇难为无米之炊而不能如愿,但拿破仑依旧满怀战斗激情,自豪地声言,他将以"波拿巴将军"的身份来打这一仗,而不是以"皇帝"的身份来督战。

你的君主丧失了理智!

在拿破仑进行战争准备的时候,他的对头们也不曾闲着。野心勃勃的沙皇亚历

∧ /《拿破仑在杜伊勒里宫书房》,布面油画,雅克—路易·大卫作于1812年,现藏于美国国家艺术馆

山大认为此时是俄国势力进一步西进的好时机，决心"用战争来解决问题"；普鲁士国王威廉三世也在俄皇怂恿和国内反法情绪的影响下，决定背弃普法同盟。1813年2月27日，普俄签订同盟条约。3月13日，普鲁士正式对法宣战。国王宣布《告我人民书》，呼吁全民抗战，对法国军队实施焦土战术和游击战，"哪里有人说德语，哪里就是德意志"！这些拿破仑的敌人所使用的新手段有如1792年法国大革命后情形的重演。在英国100万英镑军费补贴的诱使下，3月23日，瑞典亦正式对法宣战。这是法国大革命以来的第六次反法联盟，参加这次联盟的有英国、俄国、普鲁士、瑞典和西班牙、葡萄牙等国。欧陆上的另一个大国，拿破仑的姻亲和"同盟国"奥地利帝国，既对俄国势力向土耳其、波兰扩张心存畏惧，也对拿破仑有所忌惮，暂时只以调停为名，拥兵15万人，宣告中立；实则等待时机浑水摸鱼，从中渔利。

6月4日，法、俄、普三国接受了奥地利外交大臣梅特涅策划的调停建议，签订了停战协议。1813年6月26日，梅特涅亲自到法军大本营德累斯顿去见拿破仑，在会谈中拿破仑把自己的三角帽狠狠掼在地上，强硬地宣称："一个像我这样的人，对成百万人的生命是不放在心上的。"……会谈结束时夜幕早已降临，梅特涅毫无结果地走出会谈大厅，他对等候在门外的法国官员说："我向你发誓，你的君主丧失了理智！"此番谈话之后，奥地利的动摇停止了。8月12日，奥地利宣布调停结束，随即加入反法联盟，奥皇弗兰西斯一世正式对自己的女婿拿破仑开战了。这场九小时的谈话史称"外交上的滑铁卢战役"。

拿破仑时代规模最大的一场战役

8月27日，战端重启。拿破仑再次在德累斯顿会战获胜，但两天后，麾下的旺达姆将军便在库尔姆之战中一败涂地，原本正在败退中的联军士气为之一振。

胜利之神在德累斯顿最后一次向法军微笑后，似乎已经倦怠了，此后，拿破仑的元帅将军们吃了一连串的败仗，连大名鼎鼎的内伊元帅也老老实实向皇帝坦白"我完全被打垮了，还不知道我的军队重新集合起来没有"。尽管拿破仑本人并未输掉任何一场会战，但他却将要失去整个战争。反法联军的人力物力占据压倒性优势，而法军却无法完全补偿在德累斯顿附近大大小小战斗中损失的15万人和300门火炮。甚至原本作为法军补给基地的德累斯顿的供应也日益短缺，难以维持部队的正常生活。为了克服后勤保障上的困难，拿破仑考虑撤到供应状况较好的莱比锡去。但这意味着将放弃血战得来的地盘，包括德累斯顿——拿破仑仅剩不多的"同盟国"之一萨克森王国的首都。

就在拿破仑为下一步行动踌躇不定的时候，反法联军抢先发动了攻势，10月14日，几十万大军已对莱比锡形成钳形包围。早在10月3日，拿破仑就风闻联军在向莱比锡运动，但他不相信这是真的，他对传播这一消息的法军参谋长贝尔蒂埃大加斥责："一个人不应庸人自扰，必须有更多的决心和毅力，才能临危不惧。"直到三天以后，他才意识到事态的严重性，亲率法军主力驰援莱比锡。

随着双方大军的不断集结，莱比锡周围的战争气氛日益紧张。这个当时只有约3万人口的商业城市，西、北、南三面环河。莱比锡城就位于三条河流汇合点的东面，地势低洼。大约19万经过连续行军已经疲惫不堪的法军就被联军压缩在这个狭小地域内动弹不得，昔日的雄狮现在成了一只困兽，一贯喜欢进攻的拿破仑也不得不首先采取守势。东、南、北三面通往莱比锡城的七条道路已被联军封锁，只剩下城西横跨普来泽河与艾尔斯特河的两座石桥成为法军退往莱茵河和法国本土的生命线。

1813年10月16日上午9时，反法联军方面发出三声号炮，揭开了莱比锡会战的序幕。这是拿破仑时代规模最大的一场战役。拿破仑的军队里除了法国人，还有波兰人、萨克森人、荷兰人、比利时人、意大利人和莱茵邦联各国的德意志人，而反法联军阵营里则有普鲁士人、奥地利人、瑞典人、英国人和俄国人——在俄军里甚至可以看到来自遥远的西伯利亚的巴什基尔人，他

◀ 莱比锡大会战纪念碑是莱比锡的标志之一，当时的纪念碑修筑工程历经了15年之久，1913年10月18日才正式落成

△ / 法国胸甲骑兵的铠甲和头盔

们使用弓箭,因此法国士兵给他们起了一个绰号:"爱神"。正是因为此役双方阵营里都有多个民族参战,故而在历史上称为"民族大会战"。

胸甲骑兵对决哥萨克

10月中旬的莱比锡天气寒冷,薄雾蒙蒙,骤雨声声。敌我双方就在这样恶劣的天气条件下互相炮击了整整5个小时,联军依仗优势兵力渐处上风。中午,拿破仑赶到前线,决定向南线联军的战线中央实施突破,将敌军一劈两半。随后,一幕蔚为壮观的战争图景展开了。在150门火炮的掩护下,被拿破仑称赞为"整个欧洲最伟大的骑兵将领"的缪拉尽管已贵为那不勒斯国王,骁勇仍不减当年,挥刀冲在最前面,率领1.2万名法军骑兵从山脊后疾驰而上,以密集的队形直冲施瓦岑贝格手下波希米亚军团的中央阵地。

缪拉手下的胸甲骑兵是法军的精锐重骑兵,也是这个时代最优秀的骑兵。他们是

△ / 油画《莱比锡战役》，弗拉基米尔·伊万诺维奇·莫什科夫作于1815年

骑着高头大马的身材高大的战士，他们的铠甲是一套前后两片铁制甲板组成的上身铠甲（其名即源于此）。重达8公斤的胸甲裹住他们的身躯，能够轻易挡开马刀和长矛的砍杀，甚至可以阻挡那个时代的标准火器发射出来的低速铅弹。胸甲骑兵还戴着一顶铁制头盔用来保护头颅和面颊，他们的武器是一把又大又直的马刀。

在以往的战争中，胸甲骑兵雷霆般的冲锋曾带给拿破仑多次的胜利，此刻，在莱比锡的战场上，12000把战刀发出了森森寒光，令人惊恐万分。大军冲去，所向披靡，一连冲散了敌方两个营的步兵，缴获了26门火炮。联军一时混乱，俄、奥、普三国君主惊得拍马就逃，以免被擒。可惜，法军的骑兵已经今非昔比，缪拉的骑兵经过一阵狂风式的奔驰以后，很快就筋疲力尽，成了强弩之末。这时，联军集中炮火对法军骑兵进行轰击，又调来十三个中队的骑兵预备队发起反攻，这支生力军由以"对平民和敌人一样凶残"闻名欧洲的俄国哥萨克骑兵为主力，经过激战将法军驱回了原出发地点。傍晚时分，战

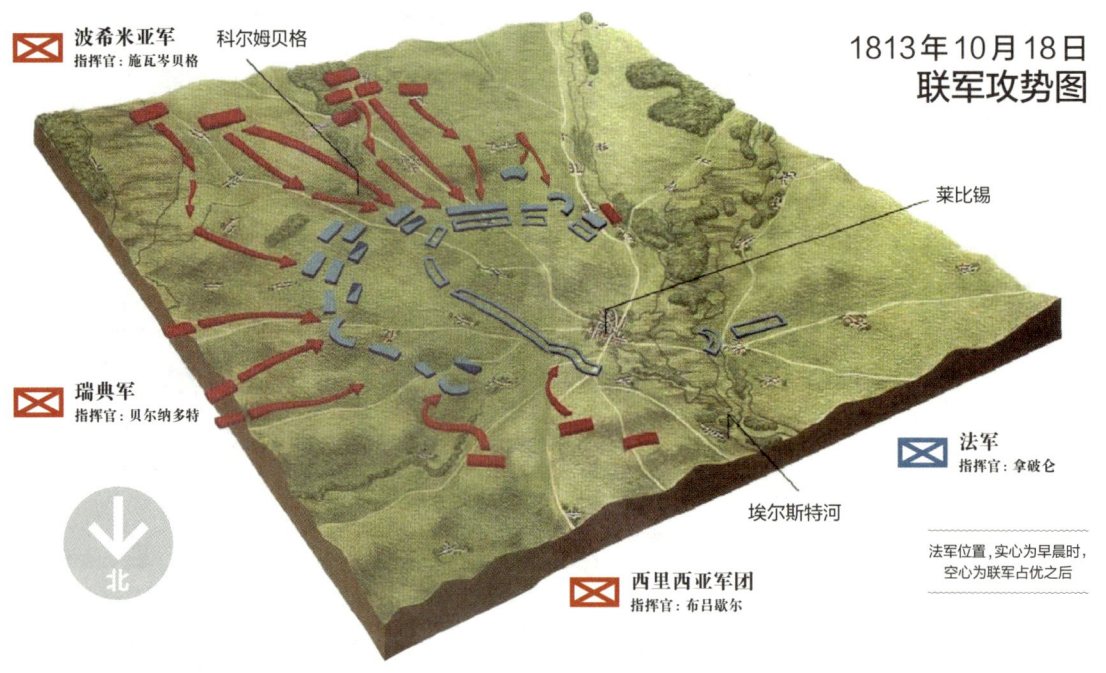

斗暂时停止，胜负不分，但联军进一步缩小了对莱比锡的包围圈。

第二天清晨，拿破仑在缪拉的陪同下巡视了昨日尸积如山的战场。缪拉沉痛地告诉拿破仑，法国骑兵在昨天战斗中损失的人数，是自远征俄国的博罗季诺血战以后从未有过的。此时又传来一个坏消息：巴伐利亚国王已经见风使舵，脱离了与法国的同盟，倒向了联军，并率军至莱茵河畔，准备攻击法军后方在美因兹和法兰克福的交通线。眼见联军已对法军形成了合围之势，拿破仑担心寡不敌众，决定撤退；可他又怕撤退会引起混乱，导致士气低落。进退维谷的拿破仑释放了被俘军官，让他们带去了休战条件：法军退往萨尔，俄普军退往易北河后方，奥军退往波希米亚，萨克森中立。急于脱身的拿破仑甚至破天荒地愿意放弃德意志、波兰、西班牙和荷兰的土地。结果适得其反，习惯了拿破仑漫天要价的反法联军对如此优厚的条件简直难以置信。什么？拿破仑皇帝在战争期间，仗还没有打完，就愿意放弃半个欧洲？真没有想到，他竟如此不堪一击！意识到自己胜利在望的联军没有接过拿破仑伸出的橄榄枝。

与此同时，拿破仑也意识到，决定命运的时刻已经到来。当天夜里法军收缩兵力，近16万法军在莱比锡以南至莱比锡东北构成环形阵地。纵深四公里，长达十六公里。由于法军完全集中在这狭小的阵地，使得每公里防线平均达九千余人，火炮三十九门。

法军打完了三十万发炮弹

10月18日拂晓，激战又起。这时联军已增加到29.5万人，比法军几乎多一倍。联军从东西南北分6路合围莱比锡。反法联军的步兵用从拿破仑那里学来的灵活的纵队代替了原先古板的线性战术，在军乐队的鼓点声中向法军阵地步步逼近。这是一个战术与装备发展略显脱节的时期。士兵们手中的前装滑膛枪装弹过程极其烦琐，技术熟练的士兵能达到每分钟三四发的射速已属不易，更惨的是当时的滑膛枪过了100米的准头不比打中星星高多少。因此步兵只能依靠鼓点保持严密队形，依靠齐射保证命中率，依靠前后排战友的火力掩护来完成烦琐的装弹过程。而付出的代价则是毫无防护的步兵在"排队枪毙"的对射中伤亡率惊人，将战场活生生变成了血与肉的磨坊。

激战至下午3时左右，法军中的两个萨克森旅和一个炮兵连共三千余人，承受不了这样的压力，竟然带着十九门火炮投降了联军。另一个德意志邦国符腾堡的部队也紧随着倒戈而去。起初法国士兵还以为这些德意志人是向前进攻，当他们从身边走过时还不禁向他们欢呼，没想到这些人竟然投到了敌军阵营里。这般没有军人武德的行径，非但拿破仑破口咆哮"无耻"，连仍旧忠于拿破仑的萨克森军官也个个恼羞成怒，把军刀猛摔在地上。

尽管拿破仑立即率领近卫军驰援前线稳住了阵脚，但法军总归寡不敌众，形势变得越来越不妙。傍晚时分，拿破仑坐在郊外的营帐中，向参谋长贝尔蒂埃口述着作战命令。就在这时，两名炮兵指挥官前来报告：炮弹快打完了。光是10月18日这一天，法军就发射了9.5万炮弹，战役至今已经差不多打光了30多万发储备，只剩下了1.6万颗炮弹。这对兵力本就处于劣势的法军是个沉重的打击，以至于后来拿破仑写信时不无夸张地写道"当时如果还有三万发炮弹，我就会成为世界的主人"。

得知噩耗的拿破仑脸色苍白，意识到大势已去，指示贝尔蒂埃向部队下达撤退命令。贝尔蒂埃立即照办了。也许是过分疲劳，拿破仑下达完命令后，竟躺在板凳上睡着了。将领们站在他的周围，默默地望着他，周围一片漆黑。最后战斗的呼喊声、伤员的呻吟声和军队撤退的车轮声混杂在一起，不断地传入拿破仑的营帐。一刻钟以后，他突然醒来，立即赶往莱比锡城内。当天夜里，法军开始向莱比锡西南集结。

幸福总有终点，生命必有尽头

第二天（10月19日），法军主力在3万后卫部队的掩护下，向西面唯一的出口林德瑙大桥退去。拿破仑在经受一连串的打击后，仍然保持着一贯的冷静，他在少数侍从的陪伴下，若无其事地同混乱的人流一起渡过了林德瑙桥，仿佛周围的毁灭景象与他毫无关系。过桥后，他在林德瑙附近的一个磨坊里平静地入睡了。他要等待法军全部过河，然后再继续随军西撤。就在拿破仑熟睡之际，突然从远处传来了巨大的爆炸声，拿破仑惊醒了。过了一会，缪拉跑进来报告，林德瑙桥被炸毁，麦克唐纳所率的后卫部队2万多人被阻隔在河对岸。拿破仑听完，双手紧紧抓住脑袋，大声吼道："这也算执行我的命令？"原来，拿破仑曾命令守桥者，只要敌方追兵已到，就立即炸毁桥梁。当普鲁士的少数骑兵沿河向林德瑙方向迂回时，枪声使守桥工兵着了慌，他们误以为敌人的大队追兵已到，赶紧引爆了预先放置好的炸药，炸毁了法军撤退的唯一一座石桥，结果，后卫2.8万多官兵无法过河。这时，敌军已紧紧追来，法军无路可逃，只得跳入波涛滚滚的大河之中。麦克唐纳侥幸游到了河岸，其余的均葬身鱼腹。波尼亚托夫斯基军长，这位前两天才被提升为元帅的波兰亲王，也被浪涛吞没，一员勇将就这样丢了性命。没

△／1815年版画，法军在莱比锡撤退，画面后方是林德瑙桥被炸的场景

来得及跳河的官兵，包括两位军长在内的36员将领，还有260门大炮、870辆弹药车全都被联军俘获。

莱比锡战役——一战前欧洲规模最大的一场战役——就这样结束了。经过4天血战，联军死伤总数在5.4万人左右，而法军则为3.8万，但要是把俘虏、医院中的伤病和逃亡者都计算在内，法军的损失数字可能要翻番。但激烈反法的德意志舆论界犹嫌不足，声称"以反法联盟巨大的兵力优势，取得的胜利应远大于此"。不过，联军获得的战利品十分可观，包括28面军旗、325门火炮、

900辆弹药车和4万支步枪。

对于拿破仑来说,"这还是第一次,这位法兰西的领袖在文明欧洲的中心在众目睽睽之下被敌人击败了,换言之,他已经丧失了一场决定性的会战"。这一次是一点借口都寻不到,既没有波兰的烂泥,也没有俄罗斯的严冬。这是一个致命的打击,拿破仑花费7年时间(1805-1812)建立起来的帝国在德意志中部一场为期4天的"民族大会战"中崩溃瓦解。一个在四分之一的世纪里连年战争因而力量消耗殆尽的国家,已不可能单独地抵抗整个武装起来的世界对它的进攻。

一时间,整个欧洲大陆一片欢呼之声,到处展开了反对拿破仑的激烈宣传,以至于冷眼旁观的黑格尔鄙夷地评论"在纽伦堡,暴民们为奥地利军队欢呼雀跃之势极为可怖……没有什么比这些市民的心态和行径更无耻的了"。而安坐几十英里外魏玛家中的大诗人歌德,在法军从莱比锡撤退的那一天,默默将拿破仑画像摘了下来,犹如记录一件千百年前的传奇般写下了这样的诗句:"胸怀王者之心的勇士……幸福总有终点,生命必有尽头!"

(《国家人文历史》2013年21期)

滑铁卢之战
法兰西第一帝国落幕

文 | 郭晔旻

"我真正的光荣并非是打了四十次胜仗。滑铁卢一战抹去了这一切的记忆。"
——拿破仑·波拿巴

"必须趁早在罪恶萌芽时加以彻底扑灭"

复辟之后的拿破仑立刻面临严峻的处境。虽然皇帝表示承认早先波旁王朝签署的巴黎和约,接受1792年的法国疆界,还向沙皇和奥皇派出了使节,这些努力都成为徒劳。他的再度统治带来的不是橄榄枝而是刀剑。立即组成的第七次反法同盟国宣布拿破仑不受法律保护——这意味着若在战场被俘获可以立即枪毙——决心彻底打垮在他们眼里成为大革命象征的这个人:"拿破仑正高举着大革命的火炬向巴黎挺近。跟随他的是人民的渣滓……列强必须趁早在罪恶萌芽时加以彻底扑灭,否则它将又一次动摇社会秩序的一切基础……"。

对于拿破仑来说,能否凑足军队以对付反法同盟准备压向法国的上百万兵力是一个生死攸关的问题。被称为"什么也没有忘记,什么也没有学会"的波旁王朝复辟后统治了10个月,路易十八为了笼络人心,废除了大革命时代延续至今的征兵制;出于同样的考虑,拿破仑也不敢贸然恢复这一制度,唯一可行的方法是号召业已退伍的士兵、军士以及被遣返的战俘尽快重回军营,这些有战斗经验的老兵是部队中急需的骨干。好在皇帝的号召力尚在,法军很快就集结了28万人,最令拿破仑头疼的是优秀指挥官的缺乏,大部分元帅已向路易十八宣誓效忠。最优秀的参谋长贝尔蒂埃也在巴伐利亚神秘坠楼身亡;忠诚而又有能力的达武又被拿破仑留守巴黎。于是,在出征的法军中辅佐拿破仑的只有元帅中的二流之辈,包括以发布晦涩难懂命令著称的蹩脚参谋长苏尔特,以及刚愎自用的内伊和庸碌无能的格鲁希等人。

拿破仑统率法军迅速北进,首战击溃普鲁士军队,顺势推进到比利时境内,英军已在前方严阵以待。英军的统帅是陆军中将阿瑟·韦尔斯利爵士。此公日后受封第一代"威灵顿公爵"（以下皆以此称呼），人送外号"铁公爵"，在1852年威灵顿的葬礼上，维多利亚女王曾称他为"19世纪以来最伟大的人"。

威灵顿与拿破仑同龄，都出生于1769年（威灵顿年长3个月），但除此之外，二人几乎没有共同点。拿破仑出生在科西嘉岛的一个破落户家庭，小时候还因为说不好法语受到同学的嘲笑；威灵顿却是个货真价实的官二代，作为都柏林的豪门，威灵顿从小念的是赫赫有名的伊顿公学。拿破仑从小志在军伍，投笔从戎；威灵顿却是读书读不下去才去吃粮当兵，用其母的话说，威灵顿"愚笨、说话缓慢、举止粗鲁，只配当兵闻火药味"。在军旅生涯中，拿破仑凭借自己的军事才能步步晋升，而威灵顿却是一路靠着令人不齿的捐官才当上了中校。对待手下的士兵，拿破仑主张"不用皮鞭而用荣誉进行管理"，废除了中世纪的野蛮体罚制度；威灵顿在这方面却是个反面典型，他以贵族的傲慢无比地蔑视那些来自平民的士兵，称他们是"地上的唾沫"，"一群流氓"，"一群混吃喝而来的只能用鞭子管教的人"。而对于战争的理解，拿破仑崇尚进攻，"一个人总是应该先动手攻击的。如果允许别

/第一代威灵顿公爵，阿瑟·韦尔斯利，英军将领

/布吕歇尔，瓦尔施塔特公爵，普鲁士元帅

人进攻自己，那是一个极大的错误"；威灵顿的军事思想却是"先抗击敌人的猛攻"！如此迥异的两个人却成了命运之敌，迎来宿命的对决。

"90%是我们获胜"

1815年6月18日，大决战在滑铁卢展开了。

滑铁卢地处比利时，是一个古朴幽静的小镇，距布鲁塞尔约20公里。即便以当时会战标准衡量，滑铁卢的战场也还是太狭窄。英军的阵地是一条长长的山岗，前面是一个山谷，与南面的法军隔开。英军阵地从左翼到右翼，全长约3.5英里，但只有不到2英里的阵地有防御纵深。在这一区域内，威灵顿公爵投入了4.96万名步兵，1.24万名骑兵，5645名炮兵以及156门火炮，总计6.766万人。根据当时的技术条件，要坚守阵地，每英里的正面需要部署2万人的部队，因此从理论上讲，公爵麾下的人马已经够用了，而且英军埋伏在前斜坡上的散兵及步兵几乎完全隐蔽在高高的庄稼之中，来犯之敌首先必须躲过这些士兵的准确射

击，接着还必须挨过炮兵的轰击，最后等待敌人的还有步枪的齐射和骑兵的马刀。

与英军对峙的是拿破仑皇帝亲自统帅的法军，包括48950名步兵、15765名骑兵、7232名炮兵以及246门火炮——总计71947人。法军的骑兵占有明显优势，法军炮兵使用的12磅炮的威力和射程都超过了英军的9磅炮和6磅炮。拿破仑本人对战役的前景信心十足，早上八点，吃过早饭的皇帝对部下声言，"90%是我们获胜，威灵顿没啥了不起，英国人没啥了不起；我们将于吃中饭时解决这件事"。当拿破仑骑马从法军队列前经过时，战鼓激越，乐队奏起乐曲，"皇帝万岁"的欢呼声久久回荡。进攻队列的场面庞大壮观，令人终生难忘。

拿破仑本想在上午9时开始战斗，但是炮兵将领德鲁奥说服了他，理由是地面过于泥泞会削弱炮弹的威力，于是，法军的总攻时间被推后到下午1时，在此之前的上午11时30分，法军用80门大炮进行炮火准备，拉开了举世闻名的滑铁卢决战的帷幕。

拿破仑将整个进攻的指挥权交给了内伊元帅，自己却待在距离前线1400码远的一个农庄观察战场动向，这真是一个奇怪的决定——往日，拿破仑曾经亲自控制比滑铁卢大五倍的战场，掌握调度数量上两倍于现在的部队和大炮。而内伊虽然作战英勇，却不是一个高明的战术家，曾经屡次在战场上

出错。对此的一种解释是，拿破仑当天身体不适。

"愿上帝救我，给我黑夜，或给我布吕歇尔"

当天中午，拿破仑从望远镜里发现"一片乌云"正在接近战场，这是正在前来滑铁卢的普鲁士军队，但他仍然确信能在普军到来之前获得胜利，"今天上午，我们取胜的概

/ 滑铁卢战役中，法军骑兵如狂潮一般冲向英军方阵，处于崩溃边缘的英军依旧顽强抵抗

率占90%，现在我们仍有60%的概率"。下午1点30分，从布鲁塞尔路往东至英军阵地的左翼末端，在1300码宽的烟雾笼罩的开阔地上，法军4个师排成梯队，出于某种从未获得解释的原因，其中的三个并未按惯例以营纵队（正面为两个连）前进，而是以一个展开的营正面向前推进，正面前排为200人，前后一共有24到27列。这样正面更宽，队形更密集，再要组成方阵抵抗骑兵进攻就不可能了，而英军的炮手更可以将一排排的法军士兵送上西天。无论这种阵势多么脆弱，勇猛的士兵已决意为皇帝和鹰旗献身。组成密集队形的法军不顾英军散弹造成的重大伤亡，突破了英军阵地。此时，英军的2000多骑兵并肩投入战斗，一时令猝不及防的法军伤亡惨重（损失5000人，其中3000人被俘）；但转眼间，法军骑兵杀到，顿时令威灵顿本就不多的骑兵损失了总数1/4。

到了下午3时，战场暂时恢复平静，双方都需要喘息一下。在法军久攻不克的情况

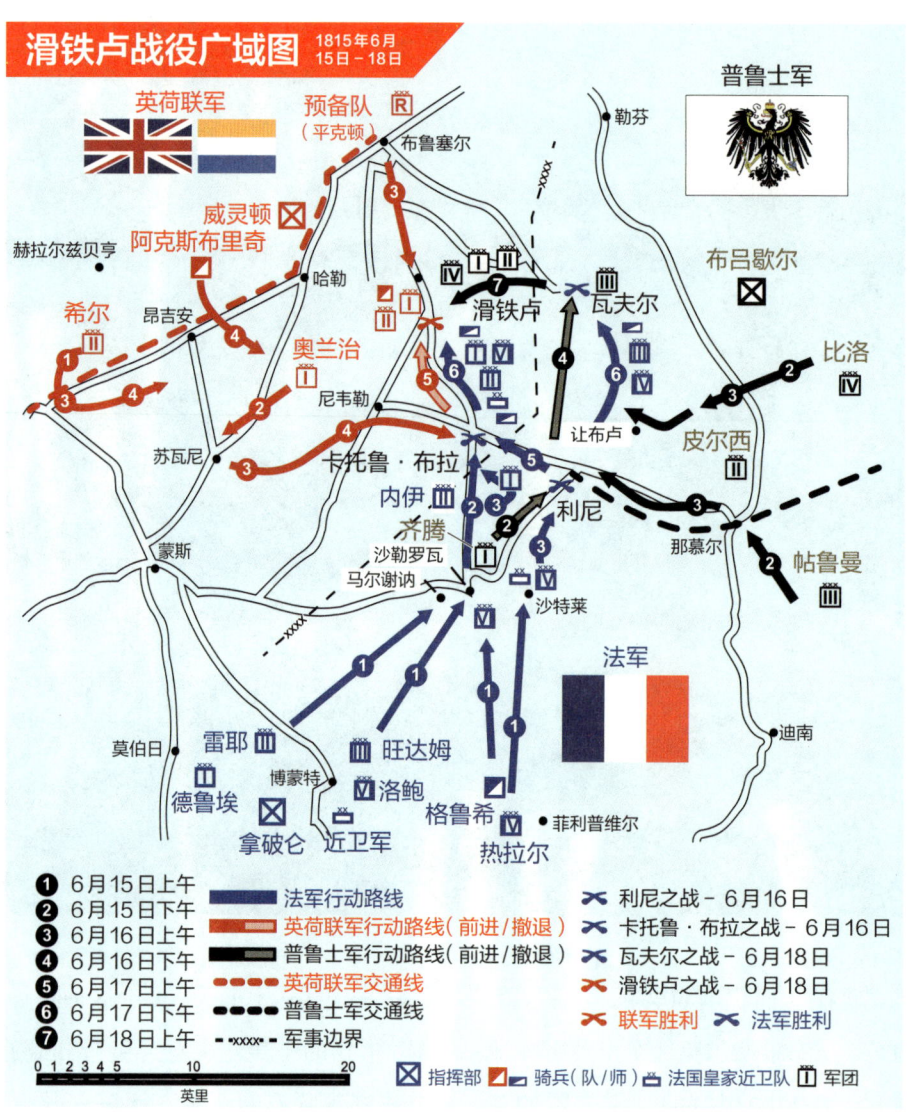

下，拿破仑又面临新的危机。普鲁士军队已经逼近滑铁卢战场，迫使拿破仑从预备队抽调了1.4万人前去抵抗。而拿破仑早先派去追击普军的3.3万生力军在这命运攸关的一天却在格鲁希的率领下游离于任何战场之外（部分原因正是参谋长苏尔特下达的莫名

其妙的命令，既命令格鲁希所部靠拢拿破仑，又要顶住普军，还要尽快到达北面的阵地——而滑铁卢在西面）。事后拿破仑为他手下这位不称职的元帅下了一段尖锐评语，可谓针针见血："格鲁希元帅的行为，就好比他这支军队半路上遇到地震被吞没得无

影无踪，简直无法捉摸。"

但是此时的拿破仑只能在滑铁卢战场继续进攻，险恶的国内政治形势也不允许法军后退。下午3时30分左右，法军发起当天最猛烈的炮击。内伊误认为英军的重新部署是全面撤退，动用5000名骑兵（43个骑兵中队）排成井然有序的方阵，在没有步兵协同的情况下从右翼向敌人逼近。法国胸甲骑兵的铁胸甲片和头盔闪闪发光，脚跨高大的黑色战马飞奔而来。他们是骑着高头大马的身材魁梧的战士，铠甲是一套前后两片铁制甲板组成的上身铠甲（其名即源于此）。重达8公斤的胸甲裹住身躯，能够轻易挡开马刀和长矛的砍杀，甚至可以阻挡那个时代的标准火器发射出来的低速铅弹。胸甲骑兵还戴着一顶铁制头盔用来保护头颅和面颊，他们的武器是一把又大又直的马刀。

在"皇帝万岁"的口号声中，法国骑兵如狂潮一般冲向联军的炮兵阵地，虽然联军的火炮全部为他们俘获，可是他们却毫无办法，既没有马匹可以拖走，也没有十字镐来毁坏，由于当时的炮弹对骑兵的威胁远甚于子弹。事后有人觉得，只要有几磅的钉子和20多把铁锤（来毁灭联军的火炮），就可以抵消法军犯下的一切错误，让拿破仑大获全胜。

随后，法军的骑兵狂飙一路突入英军的步兵阵地。英军步兵结成方阵迎战，每一个方阵的英军步兵列成三排，第一排蹲下来用刺刀阻击法军骑兵，而后两排轮番站立用滑膛枪射击。这一战法令法军骑兵无计可施，恰如"怒涛拍在岩石嶙峋的海岸，如山巨浪咆哮而来却在岩石上迸裂飞散呼啸翻腾而逝"。在此同时，顽强的英军方阵也在法军进攻下遭到沉重打击，格鲁诺上尉当时处于一个方阵中，按照他的说法，"每移动一码，都要踩着负伤的同伴或尸体"。观战的拿破仑不由大为震惊，"难道这些英国人永远不会转身后退吗！"对于这次战斗，有人曾经记载"法国骑兵在冲锋时的英勇程度，为我毕生所仅见。从来未曾见过骑兵的行动有如此光荣者，而步兵抵抗的坚定也是足已与之相当"。

至下午5时，英军的骑兵几乎损失殆尽，步兵预备队也全部投入战斗。内伊将一个炮兵群部署到距离英军方阵不到300码的地方近距离平射，这下轮到对方步兵的密集方阵伤亡惨重。法军占了上风，英军阵地处于崩溃的边缘，威灵顿喃喃自语，"愿上帝救我，给我黑夜，或给我布吕歇尔（普鲁士军队统帅）"。

"近卫军撤退啦！"

晚上7时，普鲁士军队不断逼近的压力迫使拿破仑孤注一掷，尽快结束战斗。他向滑铁卢投入了他的最后预备队，赫赫有名的皇家近卫军（8个营）。这些英勇的老兵身穿蓝色长衣，头戴插着高高红色羽毛的熊皮帽，肩扛来复枪，刺刀闪闪发光，成纵队投入战斗。纵队的正面是两个连，因此每个营的正面都有70至75人，纵深至少9列。有两个骑炮连，每连6门炮伴随前进。内伊元帅亲自指挥这支法军的最后力量，踏着成堆的尸体，向威灵顿防线上力量最强的一段发起冲击。同样身处滑铁卢战场的热罗姆·波拿巴（拿破仑幼弟）不明白为什么他的哥哥不亲自率领近卫军投入战场，他对一名将军说："难道他不愿在这里战死？在此战死将是他无上的光荣。"

此时的滑铁卢正面战场已经到了最后关头。法军组成的密集队形再次遭到英军炮兵（他们重新占领阵地）榴霰弹、葡萄弹和散弹的猛烈轰击，士兵如收割的庄稼一样成片倒下。内伊胯下的战马又一次中弹毙命，这已是当天的第五匹了，但他丝毫未被吓倒，从地上爬起来后仍继续徒步指挥部队前进。威灵顿早已命令步兵成四列趴在山顶的背后，最后与法国皇家近卫军交锋的荣誉落在了英军第一近卫步兵旅头上。

在以往的战斗中，只要法国近卫军投入战斗，就意味着胜利就在他们眼前。他们一拥而上，越过山脊，突破英军阵地，满以为一定得胜了。但这一次不是如此。当第一排法军距离英军阵地不到50码时，激动的威灵顿直接向士兵下达了命令："近卫军，起立！准备！开枪！"顿时，600支毛瑟枪同时向法军开火，两轮齐射过后，法军还没来得及端起枪，就一排排地倒了下去，在不到一分钟时间里，曾经战无不胜的法国近卫军就丢下了300多具尸体。在两只近卫军的对决中，从来是无坚不摧、无攻不克的法国近卫军突然停下了他们的步伐。

第一近卫步兵旅将法国近卫军钉死在他们的前进道路上，后者变得犹豫不决，每分每秒都有兵士牺牲，犯了在敌军火力之下展开的致命错误。英军一鼓作气，上刺刀冲锋，法国近卫军动摇了，随后便缓缓放弃了阵地。法军的其他部队此时正密切关注着战局，被视为救命稻草的近卫军遭受失利令他们惊慌失措，战场上顿时响起了"近卫军撤退啦"的可怕呼喊，这是法军将士从未听到过的声音！

祸不单行。犹如天谴一般，晚上9时，布吕歇尔的普鲁士军队终于突破法军防线，3.3万生力军洪水般涌入战场。拿破仑为了给部下打气，竟公然撒谎说他们看到是格鲁希的援军。但法军士兵很快意识到可怕的事实真相，顿时士气低落，再也不服从军官的指挥。只听一片叫喊"这是背叛，我们被出卖啦"。有些人还以为，朝他们开火的普鲁士人是格鲁希手下的士兵，他们倒向波旁王

∧ / 气势汹汹的普军攻入普朗斯诺瓦小镇,远处火光冲天,原本驻扎在此的法军已无力抵抗。拿破仑被迫派出了青年近卫军、老近卫军的第二掷弹兵团和第二猎兵团的第一营,继续抵抗

朝一边了!不管他们当这些人是谁——普鲁士人也好,法兰西的叛徒也罢,结果是殊途同归:开始是士气一落千丈,继而惊慌失措,最终溃不成军。

"我从来没有如此接近失败"

普鲁士人到达之后不过10分钟,威灵顿策马登上山顶,取下帽子挥了三下,发出了全面进军的信号。他手下的军队几乎都已筋疲力尽,但士气高涨的他们还是发起了最后一击,一时间,4万人冲下了山坡!这是一个彪炳史册的光荣时刻,英国人的欢呼声宣布这一天是属于他们的了。

英军攻到法军阵地面前,暂时停了下来,准备整顿队伍再行攻击。威灵顿见此情景,当即大声喝道:"上,上,他们是顶不住的!"法军当然是顶不住了,在法军惨败的退潮中,像磐石一样岿然不动的只有三个营,他们就是先前被击败,随后又重新集结在拿破仑周围的近卫军。法军的残兵败卒拔足狂奔,在近卫军最后几个方阵周围乱窜。

军帽脱落的内伊元帅则在方阵外面一群群败兵中跑来跑去，挥舞着一把破刀，向落荒而逃者破口大骂"怕死鬼，你们来看看一个法国元帅是怎么死的吧！"（战后内伊被波旁王朝逮捕并枪决，为了元帅的尊严，允许由他自己下令开火，时年46岁。）

拿破仑本人先是躲在一个方阵中看到整个局势，在确认大势已去的情况下，向南逃去。当夜，法军七次扎营，七次都被普军追击，武器辎重全部丧失。拿破仑脸色苍白，泪流满面，带了1万名残兵败将退回巴黎。而他的近卫军在滑铁卢战场上坚持到底，为法军赢得了最后的尊严。当法军近卫军的一个方阵被英军包围后，英军向法军劝降，法军军官高呼"近卫军宁死不降！"另外一句更简单的回答是"屎"（Merde!）。最后这些近卫军将士在英军炮火下壮烈牺牲。恶战过后的滑铁卢战场一片狼藉，尸横遍野。英军死伤1.7万人，失踪1万人。拿破仑的法军伤亡人数达到4万，损失大炮220门。

惨烈的滑铁卢战役结束了！获胜的威灵顿并不感到轻松，当晚他就写道，"我从来不曾打过这样一个会战，而且相信以后也永远不会再有了。在我有生以来，我都不曾经历过如此焦急不安的生活。我必须坦率地承认，我从来没有如此地接近失败！"而失败的拿破仑知道他的星辰已经陨落，斗志衰竭的他不愿率领一支乌合之众与敌人死拼，被迫宣布第二次退位，一个时代终于结束了。7月7日，普鲁士和英国的军队以胜利者的姿态进入巴黎；第二天，路易十八也结束了惶惶不可终日的流亡生活，波旁王朝得以再次复辟。

1815年11月20日，反法同盟各国与战败的法国签署了第二次巴黎和约，欧洲地图再一次被重新画过，法国受到更为苛刻的处置，退回到1790年的边界并赔偿7亿法郎巨款。和约以均势原则、正统主义和补偿原则等为指导思想，在拿破仑帝国瓦解后的欧洲，建立起新的政治均势——所谓的"维也纳体系"，并暂时维持了欧洲列强间的和平与协调。俄国捞到了好处，但没有过分强大；处置了战败的法国，但没有过分削弱；德意志成立了邦联，但没有强有力的中央政权；普鲁士也只是其中的一个邦国；意大利仍旧四分五裂，奥地利实际控制意大利的大部分地区。欧洲大小君主各得其所，其中英国分得的赃物包括马耳他、好望角等海外属地，不过最重要的是，战后的英国变成了海洋上的绝对控制者。对于大英帝国而言，特拉法加之战是最初的一块奠基石，滑铁卢之战则是最后的一块墙顶石。前者使英国获得了制海权，而后者则为它打开了通往世界市场的门户。在此后两代人的时间里，英国一直是全世界的工厂和银行。"不列颠帝国的建立，实为拿破仑事业的最重要后果。"

（《国家人文历史》2015年12期）

孤独的困兽
拿破仑最后六年

文｜黄薇

"圣赫勒拿岛乃是陡峭的、几乎直上直下的岩石,是长形的、狭窄的,光滑的、阴暗的,更多地酷似一个巨大的、在大洋上漂浮的棺材,而不像活人居住的岛屿。"有人这样在书中描述。作家夏多布里昂也形容它是"岩石铸就的灵柩台"。

坐标南纬15°56′、西经5°45′的这座小岛,远离欧洲大陆,距非洲西岸1950公里、南美洲巴西2900公里,如同置身大西洋无边无际蔚蓝之中的一叶孤舟。1815年10月16日,经过70天的航行,拿破仑到达了这个火山喷发形成的小岛,它因之闻名于世。拿破仑曾对属下说,"我们迟早会离开这儿……等法国的乱局理顺,英国政府会允许我返回欧洲的……我的事业还没有完结。"他并没有想到这将是人生的终点。

不平静的岛

圣赫勒拿岛当时属于东印度公司所有。有些书中写到这里气候严酷,"从来就没有人能活到六十岁,活到五十岁的也是凤毛麟角",是英国人"特别"选定的地点。但实际这里属于温和的热带海洋性气候,并不似那般可怖,全年平均气温21℃,就是夏季的雨季会持续几个月。

▲／圣赫勒拿岛上的拿破仑

拿破仑到达时,"囚房"还未准备好,在城外住了7周后,于当年12月10日迁入了朗伍德(LongWood,又译长林)住宅。此地临近深谷峭壁,易守难逃。全岛面积121平方公里,拿破仑自由活动范围是一个周长不超过12英里(约19.31千米)的三角形地带,否则必须有英国军官作陪,他讨厌这个附加条件,也就很少越过界线。英国兵营配置在距离朗伍德一百步的距离。到了晚上9点,岗哨逼近,包围整栋房屋,巡逻队彻夜看守。一切看起来可能藏匿小船的地点,全部通向海洋的小路,都有人把守。

拿破仑的屋子原来是座马厩,后来被推倒改建住宅,工匠们连马粪都懒得清除就开始铺木地板。拿破仑住进去不久,天气潮湿,地板就开始朽坏,臭水上溢,他只得搬到另一个房间。岛上老鼠也多,甚至有次拿破仑取自己的三角帽,老鼠从里面蹦出来。

岛上的总督赫德森·罗威爵士,1816年4月接任,他是军事特务出身。两人第一次会面后,拿破仑就认为他长相猥琐,品性卑劣,令人极其厌恶。待他一走,就令仆人把咖啡倒了,"刚才那个家伙离它太近了","他用眼神给咖啡投毒"。

▼ / 圣赫勒拿岛上的朗伍德住宅,拿破仑住在这里直到死去。1857年拿破仑三世将它从英国人手里买了下来,如今这块土地属于法国领地

最让拿破仑受不了的是,罗威只称他"拿破仑将军"而不是皇帝。滑铁卢战役周年纪念时,罗威故意在岛上举行盛大的游行;拿破仑写往法国的信被扣押,而当邮局寄来讽刺拿破仑的新作,他会第一时间将它们交给拿破仑的侍从。后来拿破仑就一直拒绝他的探访。一次罗威被拒后坚称必须亲眼证实拿破仑还在岛上,门缝后传来主人的怒吼:"告诉他,只要他愿意,他可以把砍头用的斧子带来。可他若想进来:须得跨过我的尸体。给我手枪!"拒不接见的还有反法联盟各国的代表,"不过是为了满足各自君主的好奇心",这些人在这个小岛上一呆就是几年,徒劳无功。

在英国人写的传记中,也有人为罗威打抱不平,举证他人品清白无瑕,而这一切不过是职责所在。拿破仑被描述为故意受苦并借此渲染,以博得欧洲的同情,甚至对自己可能因此离开抱有天真的幻想。总之,当罗威从报上得知有人将拿破仑比作普罗米修斯——自己无疑是那只日日前来啄撕内脏的秃鹫,怒火中烧,将条款改得更为苛刻。据说他甚至给囚徒送去变质的肉和发酸的酒。

还有一些追随者们一同来到岛上。拉斯卡斯伯爵写过几本地理书,是很好的聊天伙伴,还在岛上教拿破仑英文。古尔戈将军做过拿破仑的副官,年轻,耐不住寂寞,当初誓死效忠的激情快速消退。地位最高的是曾经做过伊利里亚总督的贝特朗元帅与他的夫人,另外还有跟随拿破仑多年的蒙托隆伯爵夫妇。后来几乎人人都凭借岛上真真假假的日记和回忆录大赚了一笔。加上各种仆人,这支队伍将近40人,6年后走的不到一半了。

这个小圈子并不平静。每人每天的工作加起来也要不了2小时,如何打发漫长的一天?猜忌与冲突就开始萌生。以前杜伊勒里宫的种种钩心斗角,也随之漂洋过海,人人都要向拿破仑争宠而彼此嫉妒。古尔戈与蒙托隆甚至闹到要决斗,拿破仑不胜其烦,后来把古尔戈打发走了。男人们争吵不休,女人之间也唇枪舌剑,最后大家只以书面方式进行交流,"因为超过250法郎就足以挑起争端"。

岛上驻守的英国官兵都很尊重这个国家的"死敌",彼此相处融洽。有时会有英国水兵突然来到拿破仑面前,将手里的花束献给他。驻军换防时,他还会接见全体官兵,挨个问询:服役多久了?受过多少次伤?"就仿佛他们是法国军队,而他是他们的指挥官。"

死水般的生活

拿破仑一生征战,政治斗争马不停蹄,绝大部分时间其实都在工作。他精力过人,经常每天15到18个小时超限度运转,周边的人疲于奔命而自己毫无倦色。他有两个好习惯保持健康，从不暴饮暴食，以及在千军万马决战的阵前也能随时入梦。而现在岛上的生活一言以蔽之，犹如死水之于狂澜。"从活跃的生活向完全静止的这个过渡摧毁了我身上的一切。"

在第一次流放地的厄尔巴岛，当时拿破仑保留了皇帝称号，甚至尚可在沿海一带航行。但到朗伍德后，最喜欢的骑马运动被他放弃了，万能的热水澡也无法解救肿胀的双腿。"我不能够像灰鼠一样在笼子里跑；在我骑上马匹的时候，我就想要在眼睛能够看到的地方奔驰……我感到痛苦难耐。"

各种条件今非昔比，不过最主要的问题应是如何消磨时间。装着书箱的船只靠岸时，拿破仑最感快活。但他阅读速度太快，一目十行，一个钟头就浏览完一本书，仆人们忙着收拾他看完后往地上一扔的书。新书读完了，只能反复咀嚼旧章。他最钟情英雄史诗《伊利亚特》，有时高声诵读至深夜，"我现在终于能理解荷马了"。吃完了饭，他把大家赶到客厅朗读高乃依的剧本，中途不得不屡次提醒："夫人，你睡着了！""古尔戈，醒醒。"

心情尚佳时，他也会和孩子们一起玩游戏，把小蒙托隆抱在腿上讲故事。小姑娘贝西是邻居一个英国包工头的女儿，与拿破仑混熟后，有次问他：你真的吃人吗？这是她在英国时听说的。于是拿破仑告诉她，他真的吃人，而且总是以人佐餐，说完哈哈大笑。失眠时，他就让拉斯卡斯给他讲历史，或者怂恿单身的古尔戈，"让我们交

> **"我绝对不自杀，就是不能让敌人得到这份满足……我发誓，要把这杯苦酒喝到最后的一滴。"**

流一下罗曼史吧！"他说："在女人身上，我从没花过什么时间。否则她们就会反过来控制我。"

回忆往事必不可少。拿破仑最喜欢讲述的是自己早期的胜利史。口述的稿子极少改动，不过有关滑铁卢之战，他却口授了多遍，"这项工作总让我痛心疾首"。许多对人生的思索，政治军事经验的总结反省，探讨宗教、文学与人性，在这些追忆的字里行间闪烁着智慧的光彩。其中也不乏错误与失实。一是翔实资料都远在千里之外的法国，记忆不可能精确，另外他也有为自己历史增光添彩的私心。

1819年，拿破仑身体状况开始走下坡路，渐渐连口述也失去了兴趣。晚上和属下打牌，散场时他问："几点了？""十一点，

陛下。""又一次战胜了时间,日子又少了一天。"暴怒时他会咆哮:"他们在用别针针尖杀死全欧洲联军才能勉强战胜的这个人!"

过去的辉煌,时时刺痛着他。一天晚饭后闲聊,侍从中有人问拿破仑一生中何时最幸福,大家纷纷猜测,场面很是活跃。他一一回应,对于结婚生子,"谈不上幸福,仅仅是满意而已",也否认了是担任第一执政或是加冕皇帝的时候。他最后答道:"最美妙的是在意大利取得了初期的一连串胜利。人们围着我高呼'自由万岁',那时我才26岁,已经看到自己将有怎样的出息。看到整个世界被我踏在脚下,仿佛升到了空中……"突然,回忆戛然而止,他轻声哼起一首意大利歌曲,然后站起身说"十点了,该睡了"。无声的残酷时刻。

空白的墓碑

拿破仑的拥趸曾考虑过营救他的越狱计划。英国人将守卫从200人增加到千人,军费每年达800万法郎。据不同档案记载,最后一两年中,出于各种原因,拿破仑至少

▶ / 摄于2015年3月,朗伍德住宅内的餐厅,当年拿破仑坚持在餐桌上维持杜伊勒里宫的基本礼节

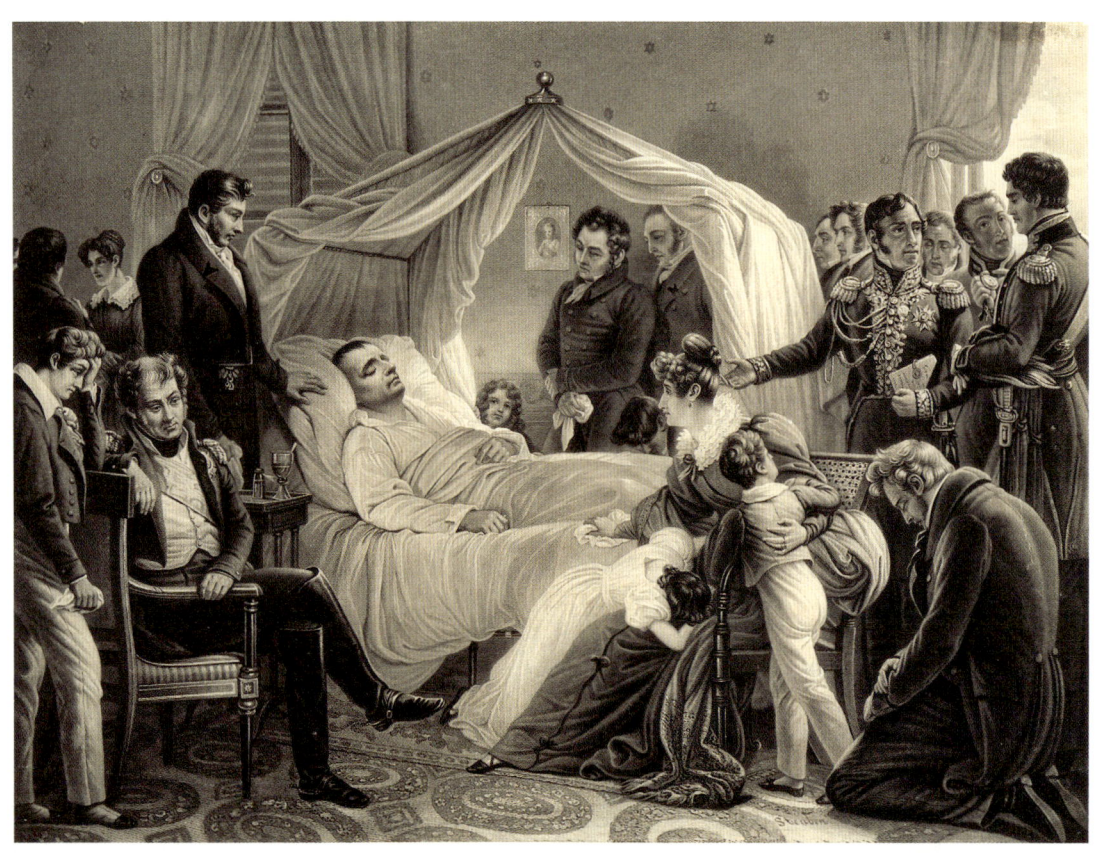

/ 描述1821年拿破仑临终前情景的画作，周围的人们神色一片哀凄

两次拒绝过潜逃计划。他后来吐露内心的独白："如果我去了美洲，而不是在这里受难，那么就再也不会有人惦记我了。我的事业也就完蛋了。这就是人。"

自杀也不可选，拿破仑始终认为这种行为是软弱和胆怯的表现。"我绝对不自杀，就是不能让敌人得到这份满足……我发誓，要把这杯苦酒喝到最后的一滴。"

1820年，拿破仑发病后刚感到轻松一些，就开始组织建造一个花园，垦荒开拓。有人形容他像是百岁高龄的浮士德。他们先是筑墙遮阴，还挖了好几个蓄水池，在墙的内侧培土、种花，栽了24株大树：桃树、橘树、橡树。拿破仑和园丁、马夫们一起干活，悉心浇水，工程历时7个月。

但勃勃兴致也无法挽救他的病入膏肓。拿破仑早年就患有胃病，如今痛起来"好像刮脸刀滑过来，又割了进去"。他的肝病也开始恶化。到了1820年，他发展到整日倦怠，往往说了半句便打住，陷入深深的沉思之中。"我曾同时向四个秘书口授不同的事情，那时我才是拿破仑。"他取笑自己的病，"癌是从内部的滑铁卢。"

1821年4月中旬，死前三周，拿破仑开始向蒙托隆口述遗嘱。遗嘱详尽而琐碎，列举了千百个物件、数字与任务。其中他吩咐将自己在意大利超过2亿法郎财产的一半，按照服役薪级，分给在他旗帜下战斗过生还的官兵，另一半则分配给在1814年至1815年遭受侵犯的法国各地。

接着花了10天，拿破仑推敲出一份97名受赠人名单，仔细回忆一生有恩与帮助过他的人。岛上服侍过他的人，也都得到馈赠。除了母亲与兄妹妻子，最主要的继承人是他的儿子，自1814年1月24日作别，父子就再无机会相见，他一直深深思念着孩子。除了财产，所有他贴身使用的武器、纹章、书籍衣物、行军床都由儿子继承，希冀这个生活在哈布斯堡王朝的孩子能借此重塑对父亲的记忆。而他惦记的妻子公主玛丽亚·路易莎早已另结新欢，转投一名奥地利军官的怀抱。只有拿破仑的老母亲，深切惦记着他，但她被禁止到岛上来探望儿子。

5月4日，最后一夜。拿破仑在高烧中呓语："法兰西……陆军统帅……"这是他最后的遗言。后来回光返照，他一度从床上跃起，将在一旁看护的蒙托隆死死抱住，门外的守卫及时冲进来，蒙托隆才不致被掐死。他似乎在和死亡这个最后的敌人搏斗。就在这一晚，一场极为猛烈的风暴席卷了圣赫勒拿岛，狂风怒吼，许多大树被连根拔起。5日傍晚风雨渐息，17点49分，拿破仑停止了呼吸。

关于他的死因，现在仍众说纷纭。一个看似战无不胜的巨人倒下，人们不免会有很多猜测，说多年后从他的头发里检出砷中毒只是其中一例。不过拿破仑生前交代，因为胃病是家族遗传，其父40岁就因此辞世，他申请解剖遗体，寄望医生找出病因，几番强调以后一定要转告儿子小罗马王使其免受其害。当时的解剖结果显示，拿破仑的胃壁已穿孔溃烂，覆在肝上。

拿破仑生前希望："能够把我的骨灰安葬到塞纳河畔，安葬到我如此热爱的法国人民之间。"英国拒绝了。直到1840年他的遗体才在火化后移至巴黎荣军院。当时法国人希望在小岛墓碑刻上"拿破仑"，罗威则坚持只能写上"拿破仑·波拿巴"，不能有任何暗示"篡位者"皇家尊称的可能，最终墓碑一片空白。而200年间，这个名字，将千万人的思绪一次次引向南大西洋那块孤独的岩石。

参考资料：埃米尔·路德维希著《拿破仑传》、约翰·霍兰·罗斯《拿破仑一世传》、梅列日科夫斯基《拿破仑传》、叶·维·塔尔列《拿破仑传》等

（《国家人文历史》2015年12期）

▲ / 一幅充满天伦之乐的图画，拿破仑在沙发上阅读，他的儿子靠在父亲腿上小憩

半神与暴君之辩
当文学青年化身文学形象

文 | 黄薇

有人说,"法兰西帝国是由一个卓越的文学心灵所塑造的"。文艺与政治并非不可兼容,拿破仑年轻时就曾是一位标准的文学青年。他从小嗜书如命,16岁加入军队,当同事们执勤完去寻欢买醉、出入赌场时,这个孤独的少尉却端坐陋室手不释卷,贪婪研读各种对将来有用的书籍。

1798年拿破仑远征埃及,带领的部队随军文职人员有900名,仅从科学艺术委员会来的学者就达151人,同时还要不辞辛苦千里迢迢拖上他的移动图书馆。拿破仑亲自开具书单,种类包括历史、小说、戏剧、地理、科学、政治、宗教等。这批书达数千册之多,最后由拿破仑亲自设计,将一辆军车改装成图书专运车。欧洲第一批现代东方学的学者即诞生于此。法军战舰在地中海上被纳尔逊带领的英国海军围追堵截,覆灭之灾如影随形,拿破仑居然还忙里偷闲在舰艇上召开了3天学术研讨会,讨论范围涉及卢梭的《论人类不平等的起源》、荷马史诗和《莪相集》。

年轻的拿破仑最喜欢两个作家,一个是卢梭,一个是法国启蒙主义思想家雷纳尔。后者当时还在世,被公认为大革命之父。青年拿破仑给雷纳尔寄去热情洋溢的信,专程赶到马赛去拜访他。拿破仑还参加了1791年雷纳尔发起的一场征文比赛,题目是如何增进民众的幸福感,头奖奖金不菲,有1200里弗,相当于拿破仑当时一年的薪俸。22岁的拿破仑摩拳擦掌,做足准备,整整4个月用来琢磨文句,自信炮制的长文《论幸福》定能博得头筹。最后尽管得到的评语是文风"恢宏壮丽、慷慨激昂",仍名落孙山。

歌德的《少年维特之烦恼》曾一时风靡欧洲,拿破仑看完后受此启发,也提笔以自己的罗曼史为原型,日夜无休埋首创作《克列松和欧仁妮》。小说零散记录了他与初恋德西蕾·克拉里的短暂爱情,后来德西蕾嫁给了拿破仑的元帅贝尔纳多特,三人间的恩怨情仇说来话长,又是另一个故事了。但这篇小说没写完。2007年拿破仑亲笔手稿中的

/ 拜伦

一页，在巴黎拍出35.4万美元，创下了当时全球单页文学作品拍卖最高价。

除了小说，拿破仑也曾写过诗歌、散文、寓言，但大部分作品没有机会发表。他还属意过历史作家。早在14岁时，他就开始阅读包斯威尔的《科西嘉史》，想自己也为故乡修一部史，四处搜集、研读相关文献档案；不过后来致力于疆场庙堂，史记也没了下文。

至于拿破仑的写作水平如何，他个人咬定自己是一个很有成就的作家。拿破仑当年给妻子约瑟芬写的情书一封接一封——"我无法放下手中的笔"，炽烈似火，激情满溢，在西欧常被当作范文选入语文课本。同时期的作家夏多布里昂说他"文学趣味低俗"，但也有司汤达、圣伯夫等人对其大加赞赏。圣伯夫是现代文学批评的鼻祖，他评价拿破仑风格"简洁"，有时论及文学也不乏高明见解。不过最终，命运让这个青涩的文学青年走上了另一条路途。

生命的最后阶段，拿破仑曾对随行圣赫勒拿岛的拉斯卡斯感叹："我的一生是怎样的一部小说啊！"尽管没能成为专职作家，但他的一生之跌宕起伏、波澜壮阔，无疑给文学创作提供了富矿。研究拿破仑的书与论文，汗牛充栋，文学亦不能免俗。受时代和各种原因的影响，拿破仑的形象也是千变万化，在不同作者笔下大异其趣。

英俄反对派

滑铁卢之战一年后，诗人雪莱写下《一个共和主义者有感于波拿巴的倾覆》，直斥"我恨过你，倾覆的暴君！"诗人华兹华斯对拿破仑的反感有过之而无不及。他的诗集《献给民族独立和自由的诗》恰如其名，基调就是反对"暴君"拿破仑的对外扩张。沃尔特·司各特是英国知名的历史小说家，他的《拿破仑·波拿巴传》于1827年在巴黎出版，成为反拿破仑阵营的代表之作。不过海涅质疑他动机不纯，司各特1826年破产后欠下11.7万英镑的债务，说他完全是受英国内阁的利诱，才接下了这一差事，对拿破仑口诛笔伐。

> **至于拿破仑的写作水平如何，他个人咬定自己是一个很有成就的作家。但也有司汤达、圣伯夫等人对其大加赞赏**

诗人拜伦曾被同时代的人赠予一项美誉——"诗国中伟大的拿破仑"，但他也没有因此对拿破仑惺惺相惜。1808年，拿破仑侵占了马德里，拘禁了西班牙国王斐迪南七世，立长兄约瑟夫为新王。英国联合西班牙

△ / 1841年的油画,描述1812年拿破仑远征俄国失败后从莫斯科大撤退的情景。这场战争也是影响俄国作家评价拿破仑的一个重要因素

上层贵族对抗拿破仑,民众也组成游击队抵抗入侵者。对于拜伦,除去自由,"没有任何东西能使他感兴趣",后来他用生命也证明了这一点。当他1809年开始游历到达西班牙,为人民失去自由而痛惜,在抒情史诗《恰尔德·哈洛尔德游记》中,对拿破仑严厉谴责,"西班牙!高卢之秃鹰张开翅膀当头翱翔,你只好眼看你一批批的儿女死亡"。1814年拿破仑第一次被流放后,诗人便作了一首《拿破仑颂》,名为颂实为贬,倒很符合拜伦冷嘲热讽的个性。最后拜伦还在诗中,劝拿破仑要学华盛顿,懂得有所不为,权力只是过眼云烟:"一座军刀统治的玲珑宝塔,外貌是青铜,脚基是泥沙。"

作家自己的人生遭际也会左右其视角。1812年卫国战争硝烟刚散,1814年,15岁的普希金在诗歌《皇村回忆》中塑造的拿破仑,就是一个活生生的侵略者,"用凶恶的手举起血腥的宝剑";《自由颂》中的拿破仑与保罗一世,更是暴君的代表。但后来普希金与十二月党人越走越近,写下了不少抨击政治的抒情诗,惹恼了沙皇亚历山大一世,将其先后两次流放。历经波折的普希金,由此对俄国黑暗的专制现实极度失望,重新审视拿破仑的影响。1824年的代表作《致大海》中，拿破仑与拜伦、大海一起变成自由的象征，圣赫勒拿岛已是"一座光荣的坟茔"。

19世纪的欧洲小说中，拿破仑作为个人奋斗的典型代表，常常化身小说主人公崇拜的偶像。普希金小说《叶甫盖尼·奥涅金》中，奥涅金的书桌上放着拿破仑的肖像。陀思妥耶夫斯基的《罪与罚》，主人公拉斯柯尔尼科夫说过一句石破天惊之语："是的，我想成为拿破仑，这就是为什么我会杀人。"托尔斯泰的《战争与和平》中，两个男主角皮埃尔与安德烈，起初也是不同程度地推崇拿破仑。

托翁的这部鸿篇巨制，一开篇就是1805年法军与俄奥联军交战前夕，留学归来的皮埃尔在一场贵族宴会上舌战群雄，赞美拿破仑的革命性，这一番精彩的唇枪舌剑，基本浓缩了当时欧洲人对拿破仑截然相反的两种认识。安德烈也与自己的父亲争辩，"我绝不是说，他所作所为都是好的……而波拿巴毕竟是一个伟大的统帅！"

随着故事的推进，渴望建功立业的安德烈历经战火洗礼，亲历了战争的残酷，奥斯特里茨之战中他九死一生，赶回家与妻子相见却目睹她因难产离世。他开始对拿破仑和战争都彻底厌倦了。到了1812年卫国战争，当初的粉丝皮埃尔已准备伺机刺杀拿破仑了。在美国学者埃娃·汤普逊看来，《战争与和平》大概提出了文学对拿破仑的最低下

△ /海涅

的描写"。托尔斯泰本人对拿破仑亦无好感，认为他"十足的疯狂、衰竭、渺小"，"极其可悲而又可憎"。《战争与和平》批判战争，与生命相比，任何"胜利"都是微不足道的。

作家赫尔岑出生于1812年4月，当年9月拿破仑的大军侵占莫斯科，几个法国龙骑兵路遇赫尔岑的奶妈，一把将襁褓夺过去，当发现里面只是个小孩而不是财物，将其扔在地上，后来的作家差点被摔死。他坦承，有关拿破仑的记忆催生了他的爱国主义感情。他在《往事与随想》中写道："莫斯科大火、博罗季诺战役、别列津纳、攻占巴黎这

一切便是我的摇篮曲，我的童话，我的《伊利亚特》和《奥德赛》……处在这样的环境中，不言而喻，我成了狂热的爱国者，立志当一名军人。"

德国粉丝团

"拿破仑，他不是人们用来雕刻国王的那块木头，他是人们拿来做神的大理石。"海涅对拿破仑的赞赏溢于言表，甚至不乏诗情画意："每当想到皇帝，我的记忆里便出现一片夏日的葱绿和金色阳光……"

1840年，法国政府将拿破仑的灵柩从孤岛运回巴黎，海涅目睹了巴黎人民送别灵柩的全过程。当时雨果也在场，后来在日记中总结道："拿破仑永远活在人们心里"。海涅原以为新的一代人早已将拿破仑遗忘，但他看到送葬人群在默默流泪，因此相信法国人亲眼见证了"父辈的真正灵魂在此入殓"。1844年，他在著名长诗《德国，一个冬天的童话》中重现了当时的场景。

海涅推崇拿破仑，先是受母亲影响，其母热心政治，从小就以拿破仑为成长榜样对海涅悉心栽培。另外一个更重要的原因：他是犹太人。海涅一生因这一身份饱受切肤之痛。1820年，大一新生海涅被刚加入的哥廷根大学学生会开除，就因为他是犹太人。"直到19世纪中叶，几乎所有的市民职业——手工业、受保护的商业、军官和外交官生涯都把犹太人拒之门外。"1825年，28岁的海涅迫于生存压力，悄悄受洗成了一名基督徒。但他的思想和著作，仍让他在德意志联邦"生前和死后都是'著名而讨厌'的"。

18、19世纪期间，法国是最早自觉实行解放犹太人运动的国家。拿破仑上台后，政治上给犹太人以法国公民身份，在宗教方面也奉行宽容政策，"我拟竭尽全力使归还犹太人权利一事不致落空……犹太民族可以在法国找到一个耶路撒冷"。随着拿破仑大军的铁蹄，也带来了《拿破仑法典》，在海涅的故乡杜塞尔多夫，"这里完全是按照法国的方式在进行统治，奴隶制人身依附和徭役都被废除了，法律被改革了，宗教信仰完全自由"。犹太人怎能不将拿破仑视为拯救者呢。"但拿破仑的灭亡以及神圣同盟的胜利，几乎导致犹太人原先所取得的平等权被全部收回。……反犹情绪在后拿破仑时期复活。"虽然德国不再分裂为360个而是36个诸侯领地，但现实仍是一个破碎、落后的专制国家，农民沦为农奴，发展受到严重阻碍。一批有识之士都"为德意志的现状感到满腹辛酸"，拿破仑也是他们批判德国现实的理

△ / 歌德

想参照物。哲学家黑格尔一边听着耶拿战役的隆隆炮声，一边写他的《精神现象学》，并将拿破仑看作是骑在马背上的"绝对精神"。

歌德面对这种现实甚至有些残忍地说，德意志并不是一个"国"。拿破仑的入侵，才开始刺激德意志民族意识逐渐觉醒。但此时还远未能谈及现代意义上的德国。歌德是世界主义的著名信徒，"就精神而言，哲学家和诗人有特权和义务不属于任何一个国家或时代，而是要属于一切时代的人"。"你会发现在文化水平最低的地方，民族仇恨最强烈。"拿破仑入侵时，他的平静曾引发了很多人的批评。晚年写回忆录时，秘书爱克曼提及此事，歌德说："我心里没有仇恨，怎么能拿起武器？"

直到晚年的《歌德谈话录》，作家才频频对拿破仑发表意见，对其敬仰而赞叹："他一生就像一个迈大步的半神……是前无古人的，也许还会后无来者。""拿破仑摆布世界，就像洪默尔摆布他的钢琴一样。"有人说，歌德的溢美与拿破仑的知遇之恩莫不有关。

1808年，拿破仑在埃尔富特召开诸侯大会，期间曾两次接见歌德。歌德当时年近60，拿破仑小他20岁，他见到作家第一句话就感叹"好一个人才！"两人很自然就谈起了皇帝年轻时钟爱的《少年维特之烦恼》，赞美之余，拿破仑说不过"您这部小说的结局我不喜欢"，歌德巧妙作答："陛下，因为您不喜欢小说有结局"。第二次会见，拿破仑邀请歌德到巴黎来，还暗示他可以为自己作传，歌德礼貌回绝了。但这也成为他晚年最骄傲的回忆之一。

分裂的法国人

拿破仑是19世纪小说中的一个关键词。大仲马的《基督山伯爵》讲的完全是一个奇情的复仇故事，不过也和拿破仑扯上了关系，主人公正是受人之托送信倒了霉，寄信人是1815年的拿破仑，写信给党羽计划下一次"越狱"。巴尔扎克的《人间喜剧》中更是如此，有学者写道："浩瀚的《人间喜剧》可说是一部'拿破仑喜剧'。在组成《人间喜剧》的91部作品中，除了以古代为题材的或神秘故事外，几乎没有一部作品中没有出现拿破仑的名字。"在忠实的保皇党人巴尔扎克看来，拿破仑的丰功伟绩让他在政治上的"瑕疵"不值一提，勃勃野心使巴尔扎克拜倒在其脚下，甚至"一生都在有意无意地模仿着拿破仑"。他的书房立着一尊拿破仑的小雕像，巴尔扎克在剑鞘上豪迈地写着："吾皇用剑征服者，我将用笔征服之。"

同为保皇党人的夏多布里昂，没

/雨果

/夏多布里昂

有巴尔扎克分裂得这么潇洒。1793年,因参加了孔代亲王的侨民团,25岁的夏多布里昂被迫流亡英国。拿破仑上台后对流亡贵族采取了"大赦"政策,他们后来纷纷回国,其中就有带着巨著《基督教的真谛》的夏多布里昂。"这部书的出版正好是拿破仑在法国恢复基督教信仰的时候,它和第一执政的意图是那样吻合,不能不使作者受到这个独裁者的青睐。"

1802年拿破仑提拔并开始重用夏多布里昂,后者也欣然接受。1804年拿破仑躲过了一次刺杀,他后来声称这是由当甘公爵策划的阴谋,这份情报实际上不实,但拿破仑"信以为真"抑或故意"以假乱真",逮捕并处决了旧贵族的代表性人物当甘公爵。这一事件一直让拿破仑遭受诟病。夏多布里昂回忆道,"这条消息改变了我的生命,就像它改变了拿破仑的生命一样。我在桌子前面坐下,开始写辞职信",与拿破仑决裂。

1814年,夏多布里昂的《论波拿巴与波旁家族》出版,对拿破仑形象彻底丑化,"在其他作品中,夏多布里昂从未表现出如此愚蠢的报复心。他连波拿巴作为一个军事指挥官的才能,也加以否认。"路易十八宣称这本小册子对他比十万士兵还有用。

但拿破仑也并未因此对夏多布里昂采取政治迫害。"当看到那本恼人的小册子时,他也非常冷静,只是评论说,'这是对的,那是不对的。我不责怪夏多布里昂。他是在我得势时与我为敌的;而那些无赖……'"

晚年的夏多布里昂回归了文学家的角色,向往出世的生活。在《墓畔回忆录》中,他已能理性地回顾两人的恩怨,用更辩证的目光总结拿破仑的一生,"始终存在着两个拿破仑,一个伟大,一个渺小"。

雨果年轻的时候,受母亲影响也拥戴保皇党,13岁写的诗歌《国王万岁!法兰西》中,拿破仑被描绘成一个十足的小丑。随着波旁王朝的垮台,雨果的思想逐渐向浪漫主义靠拢,与欧洲民主思想潮流同声共气。1827年,被誉为浪漫主义运动宣言的《〈克伦威尔〉序》,标志着雨果政治立场一变为自由派与共和主义者，他对待拿破仑的态度也发生了逆转。1830年，28岁的雨果写道："本世纪有一个伟人和一件伟大的事情：那就是拿破仑和自由。失去了伟人，那就让我们拥有自由。"

但雨果鄙夷拿破仑对皇位的热衷，曾在诗中写道，拿破仑为儿子小罗马王的出生欣喜若狂，感叹"啊，未来！未来！未来属于我！"雨果马上泼下一盆凉水："不，未来不属于任何人！啊，陛下！未来属于上帝！"

他在《悲惨世界》中，不惜用一整卷的笔墨还原滑铁卢之战。他最后总结拿破仑的失败，"这一件事具有天意难违的色彩，人力是微不足道的"。

1799年雾月政变，拿破仑推翻了督政府，宣布就任第一执政。16岁的司汤达听闻偶像的这一消息，第二天就启程赶到巴黎，他的表兄达碌在拿破仑手下做军需官，司汤达也于1800年参了军，此后就一直在后勤部门任职。1800年6月2日，拿破仑大军浩浩荡荡开进意大利米兰，其中就有司汤达。"能在拿破仑麾下当兵是十分风光的。"差不多40年后，他还在小说《帕尔玛修道院》的开篇，生动再现了当年意大利人热烈夹道欢迎的场景。

此后十多年间，司汤达追随拿破仑四处征战，他也因之获得晋升。但"胜利的代价越来越大，而每次胜利又将这位伟大的军事独裁者引向新的战争"，这让司汤达开始厌倦和反思，1812年远征俄国更是对他的致命一击。1813年司汤达作为少数幸存者中的一员，活着返回巴黎，年轻时对拿破仑的狂热，便彻底冷却了。

1814年路易十八复辟，看够了各种懦夫和变节者们的媚态，司汤达拒绝在波旁王朝里继续担任重要职务，而选择隐居意大利。当拿破仑从厄尔巴岛归来，重登帝位，他也没有兴趣再回到皇帝身边。他斥责路易十八是窝囊废、愚蠢的牲口，同时断言，"我敢担保，现在这场喜剧将以新的厄尔巴告终"。"拿破仑自从当上皇帝后便失去了他的全部才干。曾几何时，那些为开创新的法兰西而斗的仁人志士都把希望寄托在他的名字上。但拿破仑辜负了这种希望，因此法兰西把他看成了敌人。"

"没有任何人会重新谱写法兰西的英雄历史。平凡的岁月开始了。"无限沧桑的口吻背后，司汤达也开启了后半生纯粹的文学创作生涯。只在那些小说主人公的身上，能读到他对激情燃烧岁月的些许怀念。

《红与白》的主人公吕西安之所以投军，因为他的榜样是拿破仑；《帕尔玛修道院》的主人公法布利斯，同样是拿破仑忠实的拥趸；而拿破仑情结最为浓厚的当属《红与黑》中的于连。小说一开篇，父亲打落痴迷阅读的于连手中的书，"他一边走一边朝溪水望

/ 位于巴黎荣军院的拿破仑墓,1840年拿破仑的骨灰迁葬于此。斯人已逝,而萦绕拿破仑的一切仍似言犹未尽

了望,是他最心爱的那本书:《圣赫勒拿岛回忆录》"。

《红与黑》的副标题是"一八三零年纪事",1830年拿破仑早已不在世,权力舞台上是七月王朝,平民的儿子于连,想寄望像偶像一样改变命运,只能是痴人说梦。所以他闭口不谈拿破仑,选择做教士往上爬,谁能想到这个"大姑娘似的"清秀男孩"心里竟然会隐藏着宁可死上一千次也要飞黄腾达的、不可动摇的决心"?

时代弄人,于连的结局注定仍是一个悲剧。生命的最后,他也对偶像微词了一句:"可是,我说什么?圣赫勒拿岛上的拿破仑呢!……为罗马王发表的文告,纯粹是招摇撞骗。"有人说,诗人于连最终战胜了野心家于连。

天使?魔王?枭雄?暴君?赞誉骂名永流传。据统计,关于拿破仑的写作,远超与他同时代的任何一个人物。这数字当然还会不断增多,而萦绕拿破仑的一切仍似言犹未尽。俄国作家梅列日科夫斯基1928年写完《拿破仑传》后,感叹四万本有关拿破仑的书又添多了一本,而四万本书就像是四万个墓碑,下面都埋葬了"不为人知的士兵"。司汤达早有预言,"这个伟人越来越多地变成了一个谜"。

参考资料:《小说家拿破仑》《拿破仑的文学世界》《19世纪欧洲作家笔下的拿破仑》等

(《国家人文历史》2015年12期)

革命之"表木"还是"断送者"
拿破仑在中国近代史的身影

文 | 黄金生

毛泽东曾说过:"法国人的历史,我们感兴趣,特别是对法国大革命",早年"马克思、恩格斯的名字就没有听说过,只知道拿破仑、华盛顿。""拿破仑对我们很有影响。他的一些著作,我都看过。"从1910年到1973年,毛泽东谈论拿破仑,不下40次。其实,不止毛泽东,作为最早被介绍到中国的西方名人,拿破仑对近代知识分子的影响非常大。鲁迅在1921年发表于《新青年》上的小说《故乡》里,有一句"仿佛嗤笑法国人不知道拿破仑,美国人不知道华盛顿似的",这句话实际也反映了拿破仑在中国,起码是在知识分子当中的知名度。伴随着西学东渐的历程,拿破仑的形象开始传入,在近世中国从锁国到开放、由帝制国家向现代国家转型的过程中,拿破仑相继扮演着启蒙标本、革命偶像的角色,另一面,他也被骂为"弑君易朝的残忍无道者"、"革命的断送者"。可以说,在中国近代史上,拿破仑不仅仅是一个知识符号,还是一个参与者,在一些重大事件背后,都闪现着他的身影。

考生把"拿"当动词,"破轮"当名词

据考证,早在鸦片战争前,搭着西学东渐这股知识潜流,拿破仑就已出现于一批

/ 油画,拿破仑在圣赫勒拿岛上伫立的背影

传教士所办的中文报刊中。1837年，传教士所办《东西洋考每月统记传》里有《谱姓：拿破戾翁》的传记。全文约2500字，记述其一生主要事迹，被认为是最早用中文编写的拿破仑传记。该刊有关拿破仑的文章被魏源的《海国图志》和徐继畲的《瀛寰志略》所引用，成为中国人"开眼看世界"的启蒙读物。此外，这时对拿破仑有较多了解并进行评述的，是19世纪60、70年代后清政府派往欧美的驻外公使、随员及早期出洋的知识分子。王韬、斌椿、薛福成等人都对拿破仑的事迹有所介绍。中国近代史上首位留学美国的学生，有"中国留学生之父"之称的容闳1847年曾登上圣赫勒拿岛，"抚今吊古，怅触余怀"，并于拿氏坟前大柳树上折下柳枝，"携归舟中，培养而灌溉之，以为异日之纪念。"不过，此时人们对拿破仑的认识除了介绍其事迹外，在思想领域并未产生大的影响。

从19世纪末到20世纪初，拿破仑已成为国人的"常识"。在阮苏明的《儒林拾碎》里，记载了这样一则流传甚广的笑话："清光绪年间，废除八股文，改用策论。改革后的第一次考试题是'项羽拿破仑论'。考生们没有看过外国史，哪里知道拿破仑是个法国人名呢。考生们都把'拿'当动词，'破轮'当名词，大发其高论：'项羽者，秦末与刘邦逐鹿中原之英雄也，其为人也，力能举鼎，气盖山河……乃拿一破轮，尚何足道也哉……'有个姓刘的考生构思则更新奇：项王战垓下，敌追之紧，后围不得出，戟折矢尽，遂手拿破轮，连击杀追敌数十人，突围抵乌江云云。当时有诗笑话说他们：秀才笔下可通神，能遣霸王拿破轮。一自乌江分别后，破轮转劫变洋人。"这个笑话并不是凭空编造，而是其来有自。拿破仑最初被称作霸王，也确曾被译作"拿破轮"。据记载，黄州课士的时务题目便有"拿破仑汉武帝合论"。1903年3月21日的《大公报》报道："漳州文士近年虽略讲西学，而风气尚未大开，去腊县试，题中又有"拿破仑第一"五字，童生多不知拿破仑为法皇，谬将三字拆开解释，孤陋若此，真令人哗然失笑。"

大儿华盛顿　小儿拿破仑

不过，随着拿破仑的普及，因政治立场及目的之不同，各派对其评价也开始复杂起来。

甲午战败后，维新派希望当朝皇帝能"改弦更张，咸与维新"，使中国成为"雄大之国"。而作为法兰西第一帝国皇帝的拿破仑则成为维新派对光绪帝的期望。1896年，梁启超在《变法通议》里就提到，法皇拿破仑使得欧洲"忽生动力，因以更新"，"不百年间，乃勃然而兴矣"。唐才常在同年发表的一篇文章中，不仅将拿破仑与汉武帝、唐太宗、元世祖、明太祖、亚历山德（大）、沙立曼（查理大帝）、大彼得（彼得一世）、华盛顿、林肯一起称为"五洲之雄主"，还称之为"萌欧洲之新化者"。1898年，严复的《拟上皇帝书》亦提到拿破仑的"民主之兵"能够使"君臣上下，日见相亲，抚循教训，截然如一家者"。

但崛起于法国大革命期间的拿破仑身上有着鲜明的"革命"烙印，所以在维新派与革命派的争论中，显然拿破仑更"站在革命派一方"。维新变法失败后，把一切革命都视为洪水猛兽的康有为等人便攻击"武人拿破仑"为"大流血残忍无道者"，"弑君易朝，死者百二十九万，可谓弥天大祸矣"。认为法国自大革命"百年来乃空倡自由革命，内讧垂八十年，即拿破仑穷兵黩武，徒耀霸名，而于法人国民之实利无关也"。

反之，革命派自然将拿破仑当作表率进行高度赞扬。1902年，有记载称，"今世之主张革命者"，皆求为"华盛顿、拿破仑"，章太炎则将之称为"华、拿二圣"。1903年是"拿破仑传记出版的大年"，益新译社和上海文明书局分别发行两种题为《拿破仑》的传记，前者的"译序"一开始就说："古今之英雄，孰不推拿破仑为第一？稍知学问者，无不震之于拿破仑之名"。后者的"传序"说得更彻底："中国人心之不振久矣，医国者无术以唤之起，不得不借助于人。拿破仑其扁鹊乎？"在20世纪初的一首童子军军歌里唱

邹容在《革命军》里，也有"大儿华盛顿于前，小儿拿破仑于后，为吾同胞革命独立之表木"的说法

到："二十世纪地行星，皇皇童子军，小锣小鼓号，黄龙飞舞小旗旌，哥哥华盛顿，弟弟拿破伦……"邹容在他那本"今日国民教育之一教科书"的《革命军》里，也有"大儿华盛顿于前，小儿拿破仑于后，为吾同胞革命独立之表木"的说法。他还将华、拿两人誉为"地球人种所推算为大豪杰者"，曰"吾崇拜之，吾倾慕之。"

维新变法失败后，在对拿破仑的争论中，梁启超可谓独树一帜，他并未追随乃师一道攻击拿破仑。而是将拿破仑作为"国民再造"的一个样本，对其在欧洲推行自由民主、扫除专制制度作了高度评价。认为是拿破仑将自由空气播撒于欧洲，"在法国境外到处破坏各种封建形式，"并对意大利有再创之功。他还认为俄国向来保守，只是因为参加了反法联军，远征将士才得以目睹西欧的自由习俗，于是新思想才渐入俄国。他赞

扬拿破仑是"威如雷震猛如虎豹"的"旷代英雄""盖世怪杰""旷世之才",并认为拿破仑所建的政体"实为开明专制之模范。"

拿翁误明公 明公误拿翁

武昌起义后,章太炎曾表示:"目前已经光复的各省,还没有足孚众望的领袖人物,但是,由于形势在发展,这样伟大的人物也并非就造就不出。这种伟大人物,如果是华盛顿式的,那就要为中国庆幸;如果一旦是拿破仑式的,那就可能最终导致出现某种乱世。"当时的革命党人轻信袁世凯,黄兴曾致书袁世凯,希望他"以拿破仑、华盛顿之资格,出而建拿破仑、华盛顿之事功"。以华、拿喻袁,虽不乏恭维之意,但在一定程度上也反映了革命党人对袁世凯寄予的厚望。但袁是像华盛顿那样维护共和,还是仿效拿破仑称帝,这还是个问题。

民国元年,第一届内阁垮台后,革命党人谴责袁"帝制自为","效拿破仑第一故事","直欲推翻此中华民国耳"。时人便有人预言:"袁世凯可为拿破仑,不能为华盛顿也"。6月,袁世凯声称:"余欲为华盛顿,非拿破仑也!华盛顿为历史中最有名人物,建造自由国,余何故欲为拿破仑而不为华盛顿乎!"黄兴也为袁辩护:"报纸有以拿破仑诋之(袁世凯)者,殊为失当,且亦绝无之事。"

但遗憾的是,在国民"拥戴"之下,袁世凯还是作了"中国的拿破仑"。据称,杨度在南北议和期间曾对袁说:"可先为总统,将来仍可为拿破仑。"是拿破仑误导了袁世凯,还是袁世凯误解了拿破仑,或许正如杨度送给袁世凯的挽联所言"君宪负明公,明公负君宪"那样,可谓"拿翁误明公,明公误拿翁"。即使袁氏一度不愿以拿破仑自居,但百年之后,论名气地位,袁氏又怎能与拿翁相提并论呢。在得知袁氏称帝后,黄兴气愤地写道:"虽以法国拿破仑之雄才大略,自窃帝位,力削民权,然不久即归于共和,身流孤岛……今袁逆之功业,远不及拿破仑……其败亡可翘足待。"

◀ / 华盛顿画像。在近代,中国知识分子将华盛顿、拿破仑并称为"华拿二圣"

袁世凯效拿破仑的帝制自为一度破坏了拿破仑在中国人心目中的形象。毛泽东在回顾自己年轻时的经历时讲："小时候信孔夫子的封建主义，后来进了学校就信资本主义，觉得华盛顿、拿破仑了不起。"但袁世凯称帝败亡后，在毛的心里，"华、拿"的地位是不一样的了，对于华盛顿，毛泽东对其赞誉有加，甚至用"我们可以追认他为'共产党'"。而拿破仑则不同，毛认为"拿翁，豪杰也，而非圣贤"。毛泽东认为袁世凯以及劝袁称帝的人，不懂历史，没有汲取中外历史上"王莽、曹操、司马懿、拿破仑、梅特涅之徒"的教训，乃世间"最愚者"。

袁世凯之后的北洋军阀，也想学拿破仑，但他们只看到拿破仑拥有的枪杆子，却忽略了其革命性的一面，拿破仑沦落为一介武夫的形象。1943年，周恩来在批判蒋介石专制统治时，讲到蒋介石所为，是近代"湘、淮军传统思想和拿破仑的武力统一思想的结合物，所以又叫作新军阀主义，也就是新专制主义"。"他办黄埔，不是以革命的战略战术思想教育学生，而是以《曾胡治兵语录》及《拿破仑传》为之先的。"

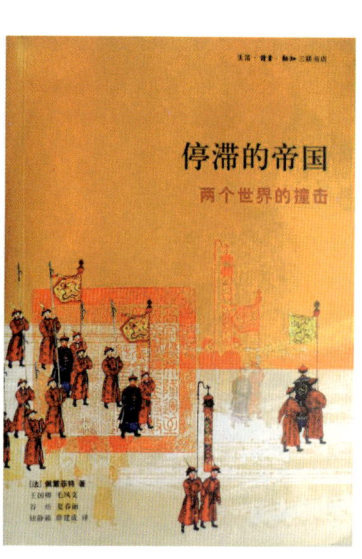

△ / 1993年佩雷菲特《停滞的帝国》中译本

一则层累造成的民族寓言

虽远隔万里，但拿破仑的身影却不断搅动着中国的政治思想界。那么，拿破仑又是怎样看待中国这个遥远而又神秘的国家呢？很多人可能都听过拿破仑关于中国的那句名言："中国是一只沉睡的雄狮，一旦醒来，整个世界都会为之颤抖！"还有传说，他在圣赫勒拿岛监禁期间，读到中国的《孙子兵法》，为中国人竟然拥有如此之智慧所深深折服并发出感叹说："假如早些能读到《孙子兵法》，就不会有滑铁卢的惨败了"。

不过，学者们翻检与拿破仑相关的原始资料，发现无论法文或其他语言的任何一手资料，都没有记载拿破仑曾经说过这些话。学者施爱东在一篇文章中考证了"睡狮论"这则民族寓言的生成过程。

有人将睡狮论的发明权归为曾国藩的长子、著名外交家曾纪泽。1887年曾纪泽发表在欧洲《亚洲季刊》上的文章《中国先睡后醒论》。而施爱东认为，"唤醒论"并非曾纪泽的发明，也不是针对中国的专利，一位明治维新时期的英国驻日本领事馆通译就曾将日本比喻为森林中沉睡的美人，认为明治之前的日本完全酣睡于一个太平的梦中。孙中山在《民报》发刊词中也曾借用醒睡之说，用来内省于民。但他们唤醒对象却从未使用"睡狮"一词，许多学者都把睡狮形象的发明权归入到梁启超的名下。梁启超在1899年发表的《动物谈》中创作了一则寓言，第一次将睡狮与中国进行了勾连。

梁启超写作《动物谈》时正流亡日本，这篇文章也许最早流行于日本留学生当中，因为早期的睡狮概念，多为日本留学生以及革命宣传家们用来形容执迷不悟的伟大祖国，1900年之后的几年，待唤醒或被唤醒的睡狮形象开始反复出现于各种新兴的报章杂志。唤醒睡狮，以醒狮作为未来的国旗、国歌的形象，逐渐成为清末民族主义者的共同理念。邹容在《革命军》书末写道："霹雳一声，惊数千年之睡狮而起舞，是在革命，是在独立！"陈天华在《猛回头》中也有"猛狮睡，梦中醒，向天一吼，百兽惊，龙蛇走，魑魅逃藏"。而到了国民革命前后，各种以"醒狮"命名的爱国期刊、青年社团和种种艺术形式更是不可胜数。但是，这些革命者们在"醒狮"命名权上，既不愿归于改良派的梁启超，也不愿归于曾纪泽这样的清政府官员，而干脆将其知识产权派给那些死无对证的外国政治家。据施爱东统计，1920年前后"睡狮论"的主人公已经有了特指的拿破仑说、俾斯麦说、威廉说，以及泛指的英人说、西人说、外国人说，还保留着曾纪泽说、乌理西（吴士礼）说等等。

这句话什么时候固定在拿破仑身上，具体时间很难确定。1914年，在美国留学的胡适做了一首《睡美人歌》，1915年又为这首诗补写了一段说明，称："拿破仑大帝尝以睡狮譬中国，谓睡狮醒时，世界应为震悚，百年以来，世人争道斯语，至今未衰，余以为以睡狮喻吾国，不如以睡美人比之之切也。"由此可知，当时的美国留学生已经开始引述这则"拿破仑语录"了。不过据学者考证，此说可能仅限于中国留学生，因为遍查此时国内的文献，将醒狮论与拿破仑联系在一起的资料却寥寥无几。比如1933年，鲁迅在《黄祸》一文还未将"睡狮"与拿破仑相联系，他说："（黄祸）那时是解作黄色人种将要席卷欧洲的意思的，有些英雄听到了这句话，恰如听得被白人恭维为'睡狮'一样，得意了好几年，准备着去做欧洲的主子，不过'黄祸'这故事的来源，却又和我们所幻想的不同，是出于德皇威廉的。"

1993年佩雷菲特《停滞的帝国》中译本出版之后，这个故事的完整版终于出现了。书中有一段讲到阿美士德途经圣赫勒拿岛的时候拜会了拿破仑，一心想要教训英国人的拿破仑很不客气地对这个英国人说："你们说可以用舰队来吓唬中国人，然后强迫中国官员遵守欧洲的礼仪？真是疯了！如果你们想刺激一个具有两亿人口的民族拿起武器，你们真是考虑不周。"作者佩雷菲特语带犹豫地认为拿破仑还"可能说过"这样一句预言："当中国觉醒时，世界也将为之震撼。"

由此，正如施爱东所言，这则"中国睡狮论"的民族寓言正是顾颉刚所谓"层累造史"的典型个案。

参考资料：刘宝吉：《拿破仑的近世中国之旅》；王家宝：《清末迄今中国对拿破仑的了解与研究》；陈晋：《毛泽东怎样读谈拿破仑》；施爱东：《拿破仑睡狮论：一则层累造成的民族寓言》等

（《国家人文历史》2015年12期）

第二部分

卡斯特罗 不死的革命者

革命队伍一度被打得只剩下12个人，和切·格瓦拉并肩作战，33岁成为推翻独裁政权的英雄，跟11位美国总统过招，躲过中情局策划的630多次暗杀，半个世纪以来，卡斯特罗就像与风车搏斗的堂吉诃德，左冲右突，无所畏惧；他有时也难掩似水柔情，先后与5位女子产生了革命时期的爱情，来世则希望成为一名世界级作家；他梦想在古巴实现自由平等、没有剥削、生活富足的理想国，结果却使得古巴经济陷入崩溃边缘，烈士暮年，终免不了乌托邦虚幻的悲情命运……

卡斯特罗：20世纪最后的乌托邦革命者

文 | 刘火雄

如要用几个关键词描述已渐行渐远的20世纪，"革命"一词不可或缺。从十月革命一声炮响，到中华大地的燎原之火，从非洲原野到拉美丛林，革命这股世界潮流，浩浩荡荡。在此背景下，卡斯特罗率领古巴革命者，揭竿而起，一呼百应，年仅33岁便登上权力巅峰，为20世纪革命画卷写下了浓墨重彩的一笔。卡斯特罗有很多名言："革命不是玫瑰床，而是未来和过去的斗争"，"革命者的最后休息地是坟墓"……他长达半个世纪的统治饱受西方的抨击和围攻，他不容异见，被扣上"独裁者"的帽子。虽然古巴经济困难，物资匮乏，但还是有无数人被他的革命精神和人格魅力所感召。

13岁造父亲的反

1926年8月13日，在毛泽东准备上井冈山打游击前夕，菲德尔·卡斯特罗降生于古巴奥连特省中部偏北的比兰庄园，在7位兄妹中排行第3，弟弟劳尔·卡斯特罗，日后成为他革命事业最重要的助手。

作为庄园主，其父在当地控制着1.1万多公顷土地。虽是地主家的"少爷"，卡斯特罗却颇为叛逆，似乎很早就有了革命基因。有一次，他看到学校张贴的古巴地图没有家乡比兰的标示，一怒之下撕掉了这张地图；当同学中一位市长的儿子欺负了自己的朋友，卡斯特罗二话不说，拔拳相助，把这位"官二代"打得趴下求饶，闻讯赶来的老师见此场景，一时目瞪口呆，不敢相信卡斯特罗居然敢在太岁头上动土。更为甚者，为了反对父亲虐待雇农，13岁时，卡斯特罗鼓动和组织工人们罢工。儿子居然要造父亲的反，结果他被狠狠抽了一顿鞭子。青年时代的卡斯特罗阅读了大量英雄人物的传记，古巴民族独立先驱者何塞·马蒂，拉丁美洲解放者玻利瓦尔和圣马丁，都是他心目中崇拜的英雄。

1945年，卡斯特罗考入哈瓦那大学法律系，之所以选择学法律，很大程度上是因为他喜欢辩论，他拥有超凡出众的口才。卡斯特罗很快成为大学里的风云人物。1947年，他加入古巴人民党，报名参加了远征多米尼加、旨在推翻独裁者特鲁希略的军事行动。遭古巴海军阻拦后，卡斯特罗趁人不备，跳入大海，游过鲨鱼经常出没的海域，回到古巴。

当所有人为自己的生计操劳时，年轻的卡斯特罗已开始为国家命运奔波了。那是一个风云际会的年代，古巴正酝酿着新的变局。1952年3月10日，亲美的巴蒂斯塔兵不血刃政变成功，建立军人独裁政权，随即下令取消宪法、解散议会，实行新闻检查和镇压。

那一年，已当了两年律师并专为穷苦人辩护的卡斯特罗作为哈瓦那选区代表，当选为国会议员候选人。突如其来的一场政变击碎了卡斯特罗的议员之梦。卡斯特罗向法院提出起诉，指控当局取消议会选举违背宪法，当然，法院毫无悬念地将其驳回。从此，卡斯特罗逐渐意识到"枪杆子里面出政权"，"革命是法律的源泉"，决心武装夺权推翻独裁者，"巴蒂斯塔以武力上台，必将被武力推翻！"

攻打兵营失败，"历史将宣判我无罪"

在卡斯特罗秘密组织下，革命小组很快发展到1200多人，成员包括弟弟劳尔以及众多工人、学生、教师等。为了筹集革命经费，卡斯特罗驾驶着他那辆雪弗兰小轿车跑了五万多公里，以致举事前夕，这辆"革命功车"却报废了。

卡斯特罗把进攻目标定在了位于圣地亚哥的蒙卡达兵营。早在16世纪，西班牙殖民者便在圣地亚哥建立了据点，这里不但是古巴东部的政治和文化中心，一度还是古巴首府。古巴民族英雄何塞·马蒂1895年从美国归国领导独立革命运动时，同样在此登陆。蒙卡达兵营虽是仅次于哈瓦那的第二大军事据点，但守兵只有1500人左右，且远离首都，当局不便派兵增援。此外，当地民众素有革命传统，此地四面环山，是开展游击

遭古巴海军阻拦后，卡斯特罗趁人不备，跳入大海，游过鲨鱼经常出没的海域，回到古巴

战的好地方，当年古巴抗击西班牙入侵，这里便是主战场之一。

卡斯特罗挑选了120名革命成员进攻蒙卡达兵营：第一组先抢占紧靠兵营后墙的医院，以便前后夹击，第二组由劳尔带队夺取司法大楼，形成犄角之势，卡斯特罗率领第三组正面冲锋。

一切都按计划进行。1953年7月26日凌晨5时许，卡斯特罗一行分乘14辆汽车向蒙卡达兵营进发。第一辆车上的革命者很快控制了哨岗，卡斯特罗乘坐第2辆车突击时，

突然出现了两个巡逻兵。卡斯特罗本能地感到要先解除这两人的武装。他跳下车迎向巡逻兵,同车的一名革命者还朝对方开了一枪。后续跟上的革命者见状以为已经进入兵营,纷纷下车攻击,他们把兵营旁的医院误作士兵宿舍冲了进去,结果战斗在兵营外打响了,一时间,凄厉的警报声划破黎明。

卡斯特罗急忙赶到医院带回革命者转攻兵营,几经周折,时间过去了半小时,行动失去了先发制人之机。由于寡不敌众,为避免盲目牺牲,卡斯特罗下令撤退。此时,第二组的劳尔也注意到情况不妙,准备率部撤退,正在下楼梯时却被兵营的几个守兵堵住了退路并缴了械。劳尔看到领头的军官手正在发抖,他当机立断夺过对方的枪,转而俘虏了他们。

事发后,巴蒂斯塔当局立即宣布戒严,大肆搜捕革命者,卡斯特罗被捕。10月16日,巴蒂斯塔当局对卡斯特罗进行秘密判决,他在法庭上发表了著名的自我辩护词——《历史将宣判我无罪》,反而以指控者的角色把当局推上了审判席:"我们发动起义反对一个特殊的、非法的政权,它篡夺并将国家的行政和立法权合二为一";"蒙卡达兵营变成刑讯、屠杀的车间,少数几个无耻之徒把军装变作屠夫的围裙";他期待古巴有宪法、法律和自由,当政府不能使人民满意时,人民有权更换它。最后,卡斯特罗豪迈地宣称:"判决我吧,无关紧要,历史将宣判我无罪!"

一纸15年徒刑的判决很快下达,卡斯特罗被关押在松树岛监狱,劳尔也被判了13年。11年后,曼德拉因反对当局种族歧视闹革命,被关在了南非罗本岛,同样的牢狱遭遇和革命情怀,注定两人日后的惺惺相惜。

革命队伍只剩12个人、7条枪

1955年5月,独裁者巴蒂斯塔获得当然的连任,迫于舆论,同时为了笼络人心,对卡斯特罗等人实行了特赦,事后证明,他放出的是一个自己的掘墓人。获释后,卡斯特罗正式组建了革命组织"七·二六运动"。由于总被人跟踪,他与劳尔只好远走墨西哥。临行前,卡斯特罗对记者说:"我走了,因为所有和平解决的大门都关上了,当一个人这样离开他的国家时,他是不会回来的,除非独裁者的脑袋掉在他的脚下。"

流亡墨西哥期间,卡斯特罗与27岁的切·格瓦拉一见如故。格瓦拉原本是阿根廷人,医学院毕业后周游美洲,行医中痛感民众苦难非药可治,在阅读了马列著作后决心从事政治斗争,以解放整个拉丁美洲为己任。

新的武装准备紧锣密鼓开展。1956年11月25日凌晨两点,卡斯特罗、劳尔、格瓦拉等82名革命骨干,登上了仅能容纳25人的"格拉玛"号白色游艇，准备卷土重来，登陆古巴掀起革命。

远征者高唱古巴国歌和"七·二六运动"战歌一路前行。浪漫的海上漂流很快遭遇了现实的残酷：他们遇上了暴风雨，游艇在海面颠簸不已，几乎所有人都晕船，呕吐不止。

正当卡斯特罗乘着游艇在加勒比海飘荡时，巴蒂斯塔已获悉卡斯特罗的行动，宣布戒严，布下天罗地网，就等活捉卡斯特罗。

12月2日清晨，远征军海上漂泊了7个昼夜，在淡水和燃料都快耗尽的情况下，他们终于接近了奥连特省的尼科罗海滩。眼见"格拉玛"号就要靠岸，游艇却在一片泥潭中搁浅了，他们较原定的登陆点偏离了两公里。卡斯特罗只好率众跳船向陆地行进，很多重型武器不得不被丢弃。

很快，一艘巡逻海岸的快艇发现了远征军，并向政府军做了报告，迅速调来的舰艇、歼击机和陆军差点使革命队伍遭受灭顶之灾。在政府军的疯狂扫射中，卡斯特罗与战友没命地转移，他们分散进入荆棘丛和甘蔗田中，历时一年多辛苦组建的革命队伍就这样被打散了。

此后几天，卡斯特罗在甘蔗地里与政府军周旋，渴了饿了只能就地取材啃甘蔗。由于连续跑路、躲藏、抵抗，疲劳过度的卡斯特罗实在撑不住了。不过，他把枪托夹在两腿之间，将枪口对准下巴，这样只要轻轻一碰扳机，子弹就会打穿自己的脑袋。他已做好了"不成功便成仁"的准备。

幸运的是，卡斯特罗最终跳出了巴蒂斯塔军队的包围圈，向马埃斯特腊山区挺进。18日，按照约定，卡斯特罗、劳尔和格瓦拉等人在一个名为"五棵棕榈"的农场会师。"格拉玛"号登陆以来，经过残酷的战斗，82个革命者中有50人阵亡，20人被捕后遭到杀害，最后只剩下12人，7条枪。卡斯特罗为大家打气说："我们还有12个人和7支步枪，这足够了！我们仍然可以赢得战争！"天晓得他的信心从哪里来，当时，对手巴蒂斯塔掌握的海陆空政府军达8万之众。

"大胡子"会见《纽约时报》记者

由于实力悬殊，卡斯特罗不得不重新制定革命战略：在马埃斯特腊山区建立革命根据地，通过游击战发展有生力量，集中优势兵力，各个消灭对手，最后实现战略反攻、推翻巴蒂斯塔政权的目标。

同毛泽东在井冈山的举措大同小异，卡斯特罗走的也是打土豪分田地的路子，受到穷苦百姓的拥戴。

发动群众参加革命之余，卡斯特罗率部攻打了马埃斯特腊山脚的拉普拉塔兵营，击毙政府军2人，伤5人，俘3人，缴获机枪一挺、步枪8条，子弹上千发，还有大量咸肉、药品等。起义队伍无一人伤亡。行动前,卡斯特罗化装成政府军上校,从一位了解兵营情况的农场工头那里套出了兵营口令和兵力分布信息。拉普拉塔之战虽然规模不大,却是卡斯特罗起义以来取得的第一场胜利,"红旗到底还能扛多久"的疑虑得到了及时消除。

为了打破当局的舆论封锁和革命者被"全歼"的谣言,卡斯特罗派人请来了当时正在哈瓦那度假的《纽约时报》记者赫伯特·马修斯。

1957年2月17日,记者马修斯来到了根据地。卡斯特罗一边猛抽雪茄,一面对马修斯炫耀自己的兵力。事实上他手下一共只有几十个人,可是他却告诉来者,他手中有20多个小分队,分散在深山中作战,政府军还在不断倒戈投诚。为了制造实力强大的假象,卡斯特罗让一个机灵点儿的战士扮演传令兵,由他不时跑进来汇报各个分队的战况。劳尔则率领着同一拨兄弟,每隔一段时间就在卡斯特罗和美国人面前表演一次正步走。这一招果然奏效,马修斯采写了好几篇关于游击队的报道,文章写道:"领导古巴青年的菲德尔·卡斯特罗还活着!他正在马埃斯特腊山的要塞中英勇地战斗!""他

△ / 1957年6月,卡斯特罗与战友在马埃斯特腊山区。受毛泽东游击战思想启发,卡斯特罗采取"农村包围城市"方针,领导古巴革命一步步走向成功

是条汉子,身材强壮,六英尺多高,紫铜色皮肤,脸庞宽阔,胡子浓密……穿着一身橄榄绿军服,挎着一支他引以为豪的装有瞄准镜的步枪。"

消息一出,古巴的革命者群情激奋,卡斯特罗的大胡子形象也深入人心。最初,由于在山区刮胡须不方便,卡斯特罗有意蓄须,这不但可以抵抗丛林蚊子的叮咬,甚至还可以以此识别游击队员的身份。如果政府特务要打入革命队伍,对方至少要6个月才能蓄起浓密的长胡子。地方民众很快称呼游击队员为"大胡子"。此后多年,卡斯特罗一直留着美髯。

世界级革命导师似乎很善于跟媒体人士打交道。在列宁和毛泽东领导的革命中,美国记者约翰·里德和埃德加·斯诺都是立

△ / 1959年1月，卡斯特罗推翻巴蒂斯塔独裁政权，在古巴首都哈瓦那，民众潮水一般涌向卡斯特罗，向他们的英雄致敬

过功的人。十月革命发生时，里德在俄国，后来他写了《震撼世界的十天》，成为在西方宣传俄国革命的第一部、也是最有影响的著作，列宁亲自为这本书的俄文版写了序。20世纪30年代，斯诺去了延安并出版了《西行漫记》，把中共领导人描写成罗宾汉式的传奇英雄，毛泽东因此成为世界风云人物。

一只白鸽落在了他的肩膀上

事实上，卡斯特罗最初的游击生活非常艰苦。不但缺医少药，甚至粮食都成问题。饮用水匮乏，战士们不得不喝植物的汁液解渴。卡斯特罗和劳尔的鞋子都得用铁丝绑住才能穿，有一阵子，人们戏称他为"破布将军"——衣服上的补丁实在是太多了。

革命形势最终越来越好，革命力量很快发展到3000人，并多次挫败了数以万计的政府军的围剿，卡斯特罗指派劳尔、格瓦拉等人，分别在圣地亚哥等山区开辟了新的根据地，为反攻作准备。1958年，巴蒂斯塔政权统治下的古巴已沦为毒品交易、赌博、色情业的天堂，失业率高达20%，在当时的600多万人口中，其中妓女就有10万。与此同时，巴蒂斯塔奉行亲美政策，古巴的经济命脉如蔗糖、电力等基本受美国控制，民愤汹汹。卡斯特罗趁机发动政治攻势，号召民众起来反抗。"七·二六运动"开始破坏制糖厂、炼油厂以及公共设施，他们提出口号："有巴蒂斯塔就没有收成，有收成就没有巴蒂斯塔"，在古巴掀起了反巴蒂斯塔的浪潮。

星星之火终成燎原之势。12月，格瓦拉、劳尔等人率领的先头部队一路攻城略地，兵锋直逼哈瓦那。1959年1月1日，卡斯特罗收到了震撼人心的消息：巴蒂斯塔在例行的元旦晚宴上，胡乱吃了点儿饭便向在场的人士宣布事态已超出控制，他要离开古巴。随后，巴蒂斯塔携家人登机逃往圣多明哥，而后流亡美国。夜里12点半，最后一批守军投降。凌晨两点，格瓦拉率部向哈瓦那挺进。

此时，卡斯特罗玩了一点儿花招，他不能让格瓦拉这位外国战友第一个进入哈瓦那。于是，1959年1月2日，在哈瓦那土生土长的卡米洛，作为革命代表，兵不血刃地第一个走进哈瓦那，格瓦拉则驻扎城外接受政府军的投降。

1月8日，卡斯特罗抵达哈瓦那，50万民众夹道欢迎，民众在震耳的音乐中跳起了舞蹈。卡斯特罗在总统府发表胜利演讲时，有人放出了一群鸽子，其中一只盘旋了一阵，竟然落在了他的肩上。这个意外的插曲令民众兴奋不已，有古巴人以此把卡斯特罗当作神。在《纽约时报》记者马修斯眼中，卡斯特罗领导的古巴革命无疑是"西半球无与伦比的真正史诗"。

美国眼中的"独裁者"

卡斯特罗率部推翻巴蒂斯塔独裁政权后，劳尔被任命为革命政府国防部长，负责掌管军队。为了巩固新生的政权，镇压反革命似乎是暴力革命成功后的第一选择。卡斯特罗亲自下令抓捕巴蒂斯塔分子，数百人受到审判，其中150人被处以极刑。

大镇反很快受到来自美国方面的谴责。美方将其与苏联当年的"肃反"和"大清洗"相提并论，称之为"浴血暴行"，卡斯特罗也被视为"独裁者"。

作为革命武装力量总司令，卡斯特罗掌权后立马实行了土改。新通过的法案禁止大庄园（500公顷以上）存在。卡斯特罗为此带头交出自家的1万多公顷土地，无条件地分给无地和少地的农民。

母亲莉娜得到消息后，端着一支步枪到大门口准备迎接卡斯特罗兄弟，经过劳尔劝说才同意征用土地。妹妹胡安娜则直接宣布与两个革命的兄弟断绝关系，愤然离开了古巴，从此定居海外。土改共征收大庄园和美国人占有的土地超过两百万公顷。

此外，革命政府还推行扫盲运动，为民众提供免费教育，全民享受公费医疗，全国连锁的"人民商店"全部实行国营管理和定量供给制。同世界上所有的共产主义者一样，卡斯特罗想把古巴建成没有压迫、没有剥削的理想国。

其他各项改革同时开展。10月，劳尔出任国防部长，格瓦拉因为一点"意外"被任命为国家银行总裁。一次开会时，卡斯特罗问大家，谁是搞经济的？格瓦拉立刻将手举得高高的。卡斯特罗见状，立刻任命格瓦拉担任国家银行总裁这一要职。散会时，卡斯特罗把格瓦拉叫过来，问他，"你什么时候成经济学家（Economist）了？"格瓦拉纳闷道："什么？我当时明明听你说的是共产主义者（Communist）！"因这两个单词发音如此相近，格瓦拉摇身一变成了银行总裁。格瓦拉笔走蛇龙的签名，一度也印在了古巴新发行的纸币上。

卡斯特罗上台后，一改古巴奉行多年的亲美政策，先后把美国在古巴的糖厂、电力公司、炼油厂等400多家企业收归国有。这无异于摸老虎屁股。美国历来把古巴看作自己的后院，至今还在古巴战略要地关塔那摩设有军事基地，如今后院起火，美国岂肯善罢甘休。

美国向古巴"赔款"5000多万美元

早在亲美的巴蒂斯塔政权被推翻后，美国中央情报局便开始纠集古巴流亡分子，对其展开训练，入编为"2506旅"，以充当雇佣军，随时准备反攻古巴。1961年4月初，新任美国总统肯尼迪经不住借推翻卡斯特罗树立威信的蛊惑，在五角大楼和中央情报局官员联席会议上，批准了代号为"冥王星"的战役计划。

4月17日黎明时分，1400名雇佣军分乘5艘运输船抵达古巴南端猪湾，准备两栖登陆，这里离哈瓦那只有数百公里。这时，美国中情局的顾问在远海的军舰上指挥作战。

卡斯特罗通过情报分析，得知了对方的计划，于是投入2000多兵力迎战。4月18日晚，为避免雇佣军被数海里外的美国舰队救走，眼看着对方正准备登船，卡斯特罗冒着炮火登上一辆坦克，穿过猪湾海岸来到炮兵阵地，亲自操作排炮，向雇佣军的船只猛烈开火，一举击沉了几条船只，断了雇佣军逃跑的后路。

19日下午，历经72小时激战后，雇佣军死伤两百多人，近1200人被俘。猪湾登陆，美国以惨败告终，肯尼迪为此对中情局十分恼火："你们不是告诉我，行动只要7个小时就能摧毁卡斯特罗的抵抗力吗？我看没用上7个小时，我们的力量就已经被卡斯特罗吞没了！"

不过，古巴方面也付出了176人阵亡、300多人受伤的代价。事后，卡斯特罗强烈要求美国政府赔偿损失。经多方斡旋，美国赔偿古巴价值5400万美元的药品和食品罐头，卡斯特罗则以俘虏作为交换。美国现代历史上因战争失败而"赔款"，这算得上是头一回。

猪湾事件之后，美国对古巴实行全面禁运，双方中断经贸往来。签署命令前，好抽古巴雪茄的肯尼迪总统特意指派秘书，务必先弄到1000多支上等古巴雪茄，以备日后享用。1961年5月1日，卡斯特罗正式宣布古巴为社会主义国家，"七·二六运动"与人民社会党等合并，建立革命统一组织（4年后改名古巴共产党），卡斯特罗自任第一书记，劳尔任第二书记，古巴政坛这一"双子

△ / 被俘虏的猪湾入侵者。1961年4月，1400名由古巴流亡者组成的"2506旅"在美国策动下，从古巴猪湾登陆，企图推翻革命政权，结果遭到卡斯特罗猛烈反击，约1200名入侵者被俘

星座"格局此后保持了50年。

古巴导弹危机差点引发世界核大战

远在莫斯科的赫鲁晓夫密切关注着加勒比地区的事态发展。三四个月后，苏联的导弹陆续部署在了古巴的领土上。卡斯特罗被告知，这将有利于防御来自美国的威胁，保卫革命政权。苏联其实想把古巴当作与美国对抗的桥头堡，以便在美苏冷战对抗中占据上风。

1961年10月14日，美国的U-2高空侦

/ 1963年4月，卡斯特罗与赫鲁晓夫在莫斯科红场，后者给他颁发了一枚金星列宁勋章，还称赞说："普罗米修斯把永恒之火传给了人类。你，为了自由而战的勇士，把十月革命的圣火传到了西半球。"

/ 古巴革命三巨头：卡斯特罗（左）、劳尔（中）、切·格瓦拉（右）。格瓦拉于1965年离开古巴，先后前往刚果、玻利维亚发动革命，1967年10月9日，遭玻利维亚政府军杀害，年仅39岁。格瓦拉当初之所以选择离开古巴，有人说是由于他激进的世界革命思想，也有人说这是与卡斯特罗权力斗争的结果。格瓦拉死后，他的肖像成为全球流行文化的标志，被美誉为"世上最知名的照片"。

察机拍到了古巴多处基地的导弹照片。随后的分析报告显示，苏联正在着手安装约40枚导弹，射程1500公里至3000多公里不等。苏联可供使用的这些武器，几分钟之内足以使数千万美国人丧命。

美国军方坐不住了，卧榻之侧岂容他人鼾睡。10月22日，美国总统肯尼迪公开宣布：苏联在古巴部署导弹，已构成对"所有美洲国家和平与安全的明显威胁"，美国将于24日起对运往古巴实行海上"隔离"。

与此同时，美军1000多架轰炸机整装待命，百余架携带核弹头的战机分散在多个军事基地，90驾B-52型轰炸机还携带25—50吨的氢弹紧急升空，一百多枚洲际弹道导弹也在发射台随时准备发射。在邻近古巴的佛罗里达州，20多万美军部队已完成集结，全球美军处于核战备状态。

卡斯特罗也下令古巴军队处于"临战紧急"状态，赫鲁晓夫同样命令苏联和华沙条约组织国家进入最高战备状态。世界核大战一触即发。10月23日，27万古巴正规军拿起武器。针对肯尼迪提出由联合国对古巴进行核检查的要求，卡斯特罗怒吼道："我们拒绝一切视察，古巴早不是沙丁鱼而是鲨鱼——我们的武器是防御性的。"

赫鲁晓夫本想再赌一把，但看到美国这架势，很快下令撤回派往古巴的20多艘船舰。10月28日，美苏双方正式达成协议：苏联将全部拆除部署在古巴的导弹，美国拆除在土耳其部署的导弹，并保证不会发动对古巴的军事进攻。由于苏联单方面与美国妥协，没有照会卡斯特罗，他从广播中听到这一消息后，气得一拳把房间里的镜子打碎，还砸烂了自己的一副眼镜。

为了安抚卡斯特罗，苏联政府保证向古巴提供1500辆拖拉机和3500辆收割机，并且以国际市场上的最高价收购古巴砂糖。此后，苏联每年给古巴平均约50亿美元经援和30亿美元免费军援，古巴85%的贸易都与苏联和东欧国家进行。

躲过630多次暗杀

卡斯特罗自取得革命胜利以来，美国总统一茬一茬接连换了11位，卡斯特罗却稳坐钓鱼台，成了叫板美国的不倒翁。为了拔掉卡斯特罗这枚"眼中钉"，50年来，美国方面先后策划了638次"斩首行动"，方式五花八门，足以令电影007的编导都自叹弗如。

20世纪60年代初，中情局收买了卡斯特罗的私人医生米勒。不久，米勒接到毒死卡斯特罗的命令，当时卡斯特罗身患眼疾，中情局把注有剧毒的药水交给米勒。米勒好几次都不敢下手，最后鼓起勇气准备行动时，由于心慌，不小心把毒药瓶打翻在地，强烈的毒性顿时腐蚀了水泥地板。米勒吓坏之余，最终选择了自首。卡斯特罗并没有为难米勒，而是把他安排到一家医院工作。

一计不成，又生一计。1965年，中情局将一名化名"巴蒂"的女子送入古巴，她凭着美丽的容貌和出色的艺术才能，很快在古巴文艺界崭露头角，并结交了一些政府要员。当年年底，美国中情局给巴蒂下达行动命令：在卡斯特罗参加1956年1月1日国庆活动时，用无声手枪刺杀卡斯特罗。行动前夕，美国特工在哈瓦那科希巴酒店策划了一起爆炸，死6人，伤8人，巴蒂的弟弟和妹妹均在死者当中。这使巴蒂痛苦万分，经过反复斗争，巴蒂于国庆前一天主动向古巴政府自首。

还有一次，美国中情局获得了卡斯特罗喜欢在古巴海岸线潜水的情报，于是着手培育加勒比海贝，想借此弄到能盛大量炸药的贝壳。他们给贝壳涂上血红和鲜亮的颜色，以便在卡斯特罗潜入海底时可以引起他的注意。一旦他接近贝壳，贝壳就会自动爆炸。但是，这个"贝壳炸弹"并没有受到卡斯特罗的"青睐"。

美国中情局还制作过香烟炸弹、钢笔手枪，甚至在雪茄中加入脱毛剂，使卡斯特罗的胡子永远脱落，以改变其形象，最终无功而返。卡斯特罗曾经说过："如果奥林匹克运动会有一个项目是躲避暗杀的话，那么金牌非我莫属。"多年以来，卡斯特罗就像美国作家海明威笔下的"硬汉"形象一样，既不被打倒，也不被打败。

多年与暗杀进行斗争，卡斯特罗不得不改变生活习惯。执政初期，他常是一个人上街，面对面与民众交谈。随着暗杀手段升级，他的行踪逐渐隐秘起来。卡斯特罗几乎成了搬家专业户，几十年里换了大约20个住所，任何潜在的危险分子想要找到他都很困难。另外，卡斯特罗很少和弟弟劳尔共同出现在公开场合，更不能乘坐同一辆车。这样做是为了保证在自己出现意外后，劳尔能够继续执掌政权。这一规定沿袭至今。

月工资30美元的元首

历史普遍证明，马上得天下者通常难以在马背上治理天下。这也就不奇怪为何二战刚一结束，英国民众便通过选举解除了丘吉尔的"兵权"，不让其出任首相。卡斯特罗对古巴的经济改革可谓折戟沉沙，但依然难掩其人格魅力。

虽然身为古巴最高领导人，卡斯特罗却不喜欢个人崇拜。在哈瓦那，从街头的雕塑到钱币上的头像，都是切·格瓦拉那张著名的戴着贝雷帽、留着大胡子剪影般坚毅的脸，街上人人一件胸前印着切·格瓦拉头像的T恤，言语间亦不乏景仰之情，卡斯特罗的形象则很少出现。"你不会在任何地方看到我的雕像，不会有一个学校，一条街道或者一个小镇以我的名字命名，不会有任何形式的个人崇拜。我们并不是要教会我们的人民去相信什么，而是要教会他们去思考，去推断。"卡斯特罗说。古巴民众每谈到卡斯特罗，都叫他"菲德尔"、"我们的总司令"，而不是称他为"主席"或"书记"。卡斯特罗本人尤其喜欢被称为"总司令"，他似乎一直难以忘怀当年闹革命时的岁月。

多年来，卡斯特罗每天只睡三四个小时。"我已经好几年没有休假，好几年没有休息过一天了，没有周六，没有周日。"每天他至少要阅读200页来自世界各地的消息，审批50份文件和阅读国内的各种报告和报道。之所以一直留着长胡子，卡斯特罗解释说，"不刮胡子每年可以节约90小时的时间"。

美国《福布斯》杂志曾发文说卡斯特罗拥有15亿美元的个人财富，事实上，他每个月的工资一直保持在30美元左右。卡斯特罗戏称他的全部财富只够买布什总统衬衫的一个口袋。"如果美国人能够证明我有任何海外账户，我将辞去所有职务。"

卡斯特罗力行简约风格，经常身着绿军装出场，这样"不必每天都系领带，只要挑选一件衬衫和一双短袜就行，而且会感到十分自在"。1985年，卡斯特罗戒掉了从15岁就开始抽的雪茄，他在戒烟的时候说："我必须为古巴公共卫生做出最后一项牺牲，就是停止抽烟。"世界卫生组织还专门为他颁发了奖章。

演讲无疑是卡斯特罗的专长，而且大多是即兴发挥。1960年，在联合国大会上，他创下了连续发言4小时29分钟的世界纪录。古巴革命胜利以来,卡斯特罗发表的长时间演说多不胜数。1998年2月25日,卡斯特罗打破他自己保持的记录。这一天,卡斯特罗在古巴第五届全国人民政权代表大会上当选新一任(五年)国务委员会主席。面对595名议员,卡斯特罗一口气讲了7小时15分钟,从当日下午5时半的红日西沉直讲到第二天零点45分。期间,卡斯特罗插话说:"诸位别看表了,我的讲话就要结束。"他又讲了20分钟后才"罢口"。

卡斯特罗的演说极富鼓动性,语言生动活泼,说理深入浅出,让观众听得如痴如醉。联合国举行新千年首脑会议时,规定每人发言时间不能超过5分钟。轮到卡斯特罗上台发言,只见他用一块手帕遮住计时器,似乎又要不顾规定大讲特讲一番。他的幽默举动引起台下一片笑声。不过,最终他还是在限定时间内结束了发言。

此外,卡斯特罗是个电影迷,古巴电影节的座上宾。他还是位明星运动员,还在读中学时,就被誉为篮球"神投手",棒球"弧线之王"。他喜欢穿睡衣吃早餐,尤其钟爱烤火鸡,每逢生日宴会或其他庆祝活动,厨师都会准备这道菜。不过,他最大的乐趣就是和孙女一起玩耍。谈及养生之道,卡斯特罗强调:"我的秘诀就是工作、工作、不停地工作,但一定要运动,吃饭适量,少喝一点酒。另外,我每天吃PPG。"PPG是一种从甘蔗里提炼而成的药片,它有降低血脂的作用。

有人曾写道:"人们知道为什么密西西比河奔流不息,但有多少人知道卡斯特罗如何做到了奔流不息?"当媒体记者问卡斯特罗是否坚持认为历史将宣判他无罪时,他回答说:"也许需要1000年,但历史终将宣布我无罪。我只不过是历史上的一声叹息,我永远记得'尘归尘,土归土',将来不会有多少人记得我。"

想要忘掉卡斯特罗不是件容易事,在世人心中,一身戎装,虬髯遒劲的卡斯特罗不仅是古巴革命的象征,甚至是世界革命的导师,委内瑞拉总统查韦斯曾不止一次地说,卡斯特罗是"所有我们这些革命者之父",两人在一起时,确实如父子般亲昵。

卡斯特罗依靠7条枪上山闹革命,为实现世界大同,先后派兵数十万支援非洲兄弟,输出革命;领导1000多万人口的古巴与拥有2.5亿人口的美国长期抗衡;自称是"属于上世纪的人",却依然活跃在新世纪的国际舞台上。卡斯特罗一生传奇般的经历和他所具有的英雄气质,使他至今仍是许多年轻人心中的偶像。在世界各地,身穿印有他或格瓦拉肖像的T恤成了永不过时的"时髦"。

(《文史参考》2011年10期)

"孤独英雄"背后的女人们

文 | 江仙

美髯，雪茄，军装，"希腊雕塑般的身材"，传奇经历，铁腕作风……对女性具有致命吸引力的元素，集结于卡斯特罗一身，几十年来，他是古巴乃至世界众多女性的梦中情人。他身边那个"第一夫人"的宝座似乎一直空着，"孤独英雄"的形象使他更具魅力。事实上，卡斯特罗的爱情经历丰富多彩，只是他在这方面一贯低调，对私生活避而不谈，据说这样做一是为了保护家人安全，二是他认为一个革命者不应受到婚姻和家庭的束缚。他的伴侣们，也都心甘情愿在他身后默默无闻。

发妻米尔塔：她背叛了他的信仰，他背叛了她的爱情

卡斯特罗的结发妻子名叫米尔塔·迪亚斯·巴特拉，她的哥哥拉斐尔·迪亚斯·巴特拉，是卡斯特罗在哈瓦那大学法律系的同学，革命起义同盟的盟员。卡斯特罗考入大学不久就与米尔塔相识，她是哲学系学生，也是政治积极分子，美丽出众，性情温柔；卡斯特罗风华正茂，学识渊博，口才超群，是学校篮球队和棒球队主力。俊男美女顺理成章地一见钟情，但他们的关系是自然而然发展起来的，青年时代的卡斯特罗腼腆谨慎，在感情上还比较保守。

卡斯特罗对米尔塔非常信任，1947年，卡斯特罗因参加远征多米尼加的军事行动遭到追捕，跳入鲨鱼出没的海域游回古巴后，就躲在米尔塔居住的楼的顶层。大难不死，久别重逢，两人的感情又加深了一步。米尔塔的家族属于上流社会，自然反对她嫁给一个激进学生领袖，但米尔塔对卡斯特罗一往情深，父母也只好同意。1948年10月11日，他们在女方家中举行了婚礼，次年9月，卡斯特罗第一个儿子小菲尔德出生。

米尔塔的父亲是军事强人巴蒂斯塔的密友，这一层关系为他们的婚姻埋下隐患，巴蒂斯塔长期主宰古巴政治，其独裁政权最终被卡斯特罗推翻。卡斯特罗与米尔塔结婚几年以后，米尔塔的哥哥拉斐尔脱离起义同盟加入了巴蒂斯塔党，与卡斯特罗产生严重政治分歧，继而影响到卡斯特罗和妻子的感情。事实上，婚后卡斯特罗为革命活动长期奔波在外不顾家庭，已经威胁到夫妻关系。

1953年，在攻打巴蒂斯塔的蒙卡达兵营失败后，卡斯特罗被捕入狱，米尔塔生活

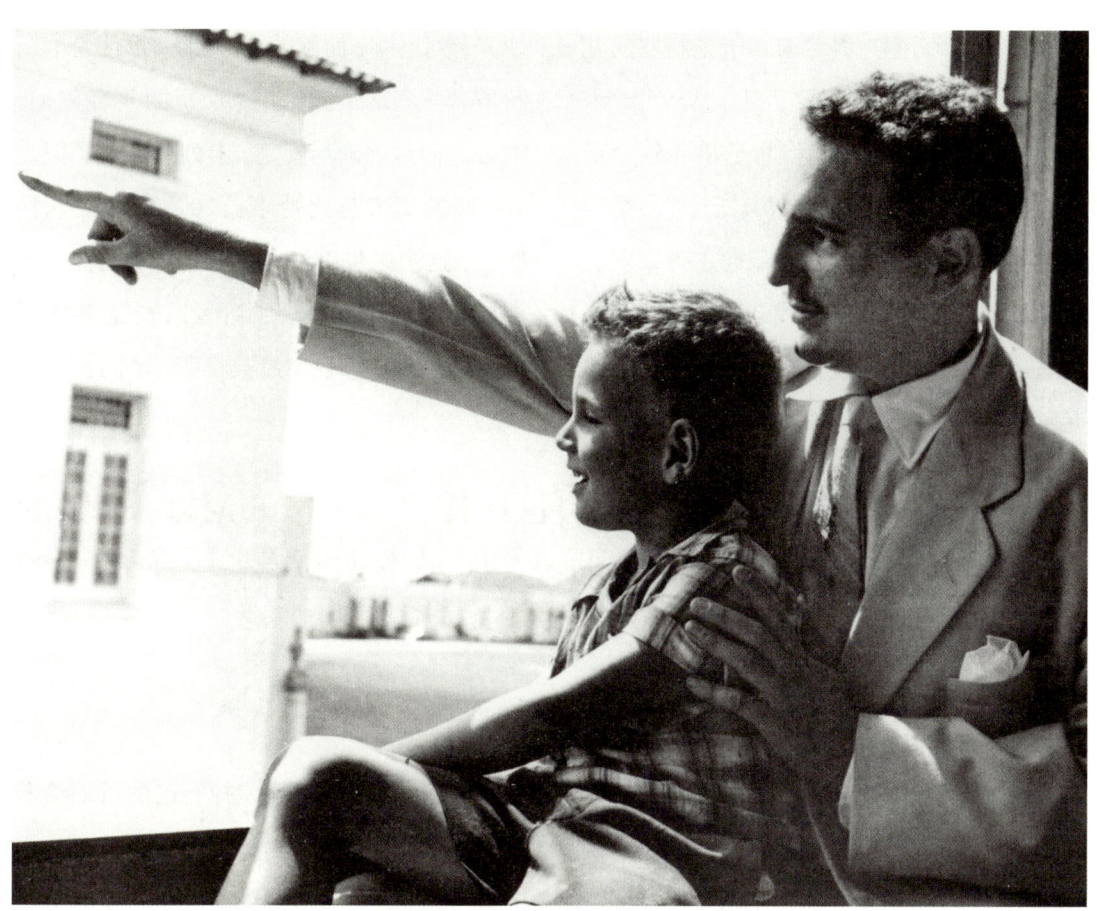

△ / 1954 年,卡斯特罗与长子小菲尔德在古巴哈瓦那

无依无靠,哥哥拉斐尔当时已在巴蒂斯塔政府担任内务部次长,帮她在政府安排了一个白拿薪水的闲职。这令卡斯特罗非常难以忍受,在自己坐牢的时候,妻子却接受关押他的政府的资助,他认为这是对他信仰的背叛,两人的感情出现严重裂痕。

政治分歧不是促使两人分手的唯一因素。卡斯特罗在革命活动中结识一位红颜知己,纳蒂·雷韦尔塔,后者追随他的事业,给予他不少帮助,两人逐渐发展为情人关系,卡斯特罗入狱后,写给纳蒂的情书被军事情报局截获,米尔塔的哥哥拉斐尔指使狱卒将信投递给米尔塔,米尔塔的家人一直在劝说她离开卡斯特罗,拉斐尔此举意在让妹妹发现卡斯特罗不忠,从而对他死心。果然,米尔塔看到信后与卡斯特罗感情彻底破裂,1955 年两人正式离婚。

卡斯特罗推翻巴蒂斯塔政权后,米尔塔

及其家族受到牵连,她带着与卡斯特罗的儿子,随第二任丈夫移居西班牙。1959年,卡斯特罗终于说服米尔塔将儿子小菲尔德送回古巴,小菲尔德相貌酷似卡斯特罗,是他最器重的孩子。1961年,小菲德尔曾率古巴少年儿童团访华,青年时代赴苏联学习核物理,取得博士学位后出任古巴核能委员会负责人。在卡斯特罗的众多子女中,他是唯一担任过政府职务的,不过在1992年7月卡斯特罗剥夺了他的职务,理由是"工作无效率"。此后,他一直担任古巴政府的科技顾问。

米尔塔出国后隐姓埋名,几十年来几乎没有人知道她曾经是卡斯特罗的妻子。小菲德尔长大后,米尔塔隔几年回古巴看望儿子,据英国《独立报》报道,她最近一次回到古巴是2006年8月,当时卡斯特罗因接受肠道手术首次暂时放弃执政,媒体推测,78岁的米尔塔也许去看望了80岁的卡斯特罗。

红颜知己纳蒂:卡斯特罗的安娜·卡列尼娜

卡斯特罗和情人纳蒂是1952年在哈瓦那大学校园由一位朋友介绍认识的,纳蒂也在这个学校读过书。纳蒂把自己比作安娜·卡列尼娜,而她的"伏伦斯基"便是卡斯特罗,一个富于激情的、反叛的年轻领袖。纳蒂的命运的确与安娜·卡列尼娜有相似之处,她的丈夫是比她年长20岁的心脏病科医生,这个医生曾经救了她的命,她像父辈那样敬重他。当她遇到年龄相仿、志趣相投的卡斯特罗,内心突然被唤醒,她同情并支

> **纳蒂把自己比作安娜·卡列尼娜,而她的"伏伦斯基"便是卡斯特罗,一个富于激情的、反叛的年轻领袖**

持他的革命事业,甚至卖掉自己的首饰给卡斯特罗购买武器。

卡斯特罗身陷囹圄之后,与纳蒂频繁通信,信中他写到他的政治理想,也写到他对纳蒂热烈的感情:"我比任何时候都热爱古巴,就像一个求爱者盲目地追逐一个女人,一切障碍和困难都能置之度外。"

卡斯特罗出狱后受到人们的热烈欢迎,在人群中他与纳蒂重逢,两人不顾一切地坠入爱河,不久便孕育了女儿阿丽娜。

纳蒂与医生丈夫的婚姻名存实亡,但卡斯特罗始终没有与她结婚,他会尽可能抽空到纳蒂家看望女儿阿丽娜,给她买各种各样的礼物。据阿丽娜回忆,大约3岁的时候,

她第一次见到卡斯特罗。"一天，我们家突然来了一个高大威猛、大胡子、嘴叼雪茄的陌生人，他冲我妈妈说：'你瞧这孩子多漂亮呀！活像是一只卷毛小羊羔！'接着，他往我手里塞了一个盒子，满脸堆笑地说：'这是给你的礼物，我的太阳。'盒子里装着一个塑料娃娃，身穿橄榄绿军装，满脸大胡子，栩栩如生。我外婆当时颇为不满地对我母亲说：'这菲德尔拿自己的造像当礼物送孩子，他也太高看自己了。'不知为什么，我也不喜欢这塑料娃娃。于是，我上去一把揪下了他的胡子。就为这，我受了妈妈一通训斥。"

直到10岁阿丽娜才从母亲那里得知卡斯特罗是生身父亲，她这才明白，为什么卡斯特罗视她为掌上明珠，对她百般疼爱。阿丽娜回忆，卡斯特罗的手很巧，他常常用扑克牌变戏法，用积木搭城堡，还会糊风筝。卡斯特罗因为公务繁忙来看望阿丽娜的时间很少，有时她哭闹着恳求纳蒂说："妈妈，给菲德尔打个电话叫他快来咱们家吧，我想叫他跟咱们一起生活！"但纳蒂总是冷冷地说，他现在属于人民。

阿丽娜长大后在婚姻和职业问题上与父亲多次发生争执，这个叛逆的女儿于1993年12月乔装打扮逃往美国，她认为自己跟父亲开了一个天大的玩笑，对此非常得意，还写了本传记：《卡斯特罗之女：一个流亡者的回忆》。2006年8月，卡斯特罗住院期间，CNN（美国有线电视网）宣布已聘用50岁的阿丽娜出任撰稿人，阿丽娜表示她并非想与父亲作对，而是想点评古巴政局，讲他父亲的故事，甚至为选继承人出谋划策。

杀手玛丽塔：古巴"色戒"，美人难过英雄关

卡斯特罗最具传奇色彩的一段恋情，莫过于与德裔女特工玛丽塔上演的那出古巴版"色戒"。玛丽塔受美国中央情报局培训暗杀卡斯特罗，后来她回忆说："爱情的力量更为强大。我不杀他，因为我天生就不是一个杀手，我不能剥夺我所爱的人的生命。"

玛丽塔1940年出生于德国，父亲是一艘游船的船长，母亲是美国人。1959年2月，19岁的玛丽塔随父亲的游船出行，停靠在古巴的哈瓦那港，卡斯特罗正好在港口视察，邂逅了年轻美丽的玛丽塔，顿生好感，向她要了电话号码。玛丽塔刚回到美国，就接到卡斯特罗电话，邀请她到古巴玩，她欣然赴约，上了卡斯特罗为她租的专机。在飞机上玛丽塔看到卡斯特罗的肖像印在一本杂志的封面上，她这才知道"大胡子"是个大人物。

飞机降落后，玛丽塔被护送至亚巴那——希尔顿大酒店，通向酒店正门的24级台阶上，士兵们像迎接国宾一样整齐地排列在两侧。房间里，卡斯特罗早已等候多时，

他把一张唱片放进电唱机里,然后轻轻地挽起玛丽塔的手臂……和卡斯特罗在一起的日子令她永世难忘。

在玛丽塔眼里,卡斯特罗是个略有自恋情结、幽默而富有情调的绅士。有一天卡斯特罗从记者招待会归来,他向玛丽塔吹嘘说:"我被一群漂亮的女记者包围,我敢肯定她们爱我爱得发了疯。"说完,卡斯特罗站在镜子前自我陶醉起来,他摆出基督受难的姿态,自言自语道:"看哪,我和基督长着同样的大胡子,我现在和基督受难时也恰好同岁。"

甜蜜的古巴之行结束后,玛丽塔回到美国,不久她发现自己怀孕了。有一天她突然被人劫持,被迫做了人工流产。美国中央情报局的人找到她,给她看了一张死婴的照片,告诉她是卡斯特罗派人杀死了她的儿子,以引起她对卡斯特罗的仇恨。然后中情局对玛丽塔进行长时间的"思想教育",给她洗脑,说"杀了卡斯特罗就能拯救世界",这是"上帝的意志"等等,再把她送到佛罗里达的训练基地,进行射击、爆破、暗杀等训练。

△ / 1959 年,卡斯特罗在哈瓦那港视察时登上了玛丽塔(中)的游轮,两人一见钟情

中情局派遣玛丽塔重返古巴，确信她定能完成任务——她只需把致命毒药悄悄倒进卡斯特罗的水杯里，万无一失。可是她到古巴一见到卡斯特罗，心理防线就崩溃了。卡斯特罗凝视着玛丽塔的双眼，问道："你这次来是想杀死我，对吗？"在"大胡子"深情而坚毅的目光里，玛丽塔向爱情缴械，她坦诚地回答："是的。"

回到美国后，玛丽塔终身独居，一生都陷在深重的思念和懊悔中。她写作了一本自传《亲爱的菲德尔·卡斯特罗：我的生活、我的爱情、我的背叛》，2000年，德国一家制片公司根据其自传拍摄了一部题为《我与卡斯特罗》的纪录片。影片上映后，这位60多岁的老妇在接受记者采访时表示，她只有两个愿望，一个是回到故乡德国，另一个就是与卡斯特罗见面，希望得到他的谅解，"我会对他说：我爱你，我的大胡子！"

战友塞利娅：古巴唯一敢说卡斯特罗不正确的女人

陪伴卡斯特罗时间最长、对他的事业帮助最大的伴侣是塞利娅·桑切斯，她比卡斯特罗年长五岁，在卡斯特罗生命中扮演重要并丰富的角色——既是女友，也是助手、顾问、战友，他们共同生活了23年却始终没有结婚。

塞利娅是卡斯特罗的大学同学，从卡斯特罗最初领导古巴全国大学生革命活动时，她就是他积极而忠诚的支持者，她还是卡斯特罗领导的"七·二六运动"的发起人之一。

1955年卡斯特罗前往墨西哥准备发动古巴武装斗争，塞利娅留在国内，和卡斯特罗保持密切联系，坚持国内地下斗争。1958年初，卡斯特罗领导的游击战在马埃斯特腊山区初步展开，塞利娅也进入山区，参加武装斗争，成为女游击队员，同时担任核心领导者的政治秘书。她的字特别漂亮，而且写起来又快又工整，卡斯特罗的重要文书和文件，都是由她来起草和书写。文武双全的塞利娅很快在革命起义军中建立威信，成为引人注目的重要人物。

塞利娅和切·格瓦拉也是感情笃深的老战友和老同志，马埃斯特腊山区革命武装成立第四纵队，卡斯特罗下令晋升格瓦拉为起义军的第二名少校，少校的星徽是塞利娅亲手用针线给格瓦拉缝缀在软帽上的。平时，塞利娅永远可以无条件进入卡斯特罗、切·格瓦拉和劳尔·卡斯特罗的会议室，除她之外，几乎没有任何人能进入到这三个领导核心的谈话空间。

卡斯特罗建立政权后，塞利娅一直是古共中央委员，并担任部长会议执行秘书，在公开场合常伴卡斯特罗左右，但她的官方身份始终是卡斯特罗的助手、"战友"，而非夫人。塞利娅作风平易近人，并经常直接处理严重社会问题，因此受到人民的广泛爱戴。在古巴，能说卡斯特罗的决定不正确，并与他面对面讨论的人，可能只有塞利娅一个。塞利娅1979年死于肺癌，从此再没有一个女人能经常跟在卡斯特罗左右，出现在主席台上，或者出席公开活动。

现任妻子：隐藏30年的"第一夫人"

与米尔塔离婚后，卡斯特罗始终没有公开再婚，但一直有传言，卡斯特罗除了几个情人外还有一个合法妻子陪伴在他身边。2010年1月5日，尼加拉瓜三家网站不约而同发布了该国总统和卡斯特罗会面时的12张彩色照片，这些照片最吸引眼球的地方莫过于其中一位"神秘女性"：卡斯特罗的妻子达莉亚·索托。

现年65岁的达莉亚比卡斯特罗小20岁，1961年，卡斯特罗在一次扫盲活动中结识女教师达莉亚，从那时起两人一直生活在一起，但据说他们直到20世纪80年代才正式结婚，这是因为卡斯特罗同时与他的"战友"塞利娅保持情人关系，出于对塞利娅的尊重，卡斯特罗在她去世后才与达莉亚结为合法夫妻。

达莉亚为卡斯特罗生了5个儿子，其中最受卡斯特罗宠爱的是现年43岁的安东尼奥·卡斯特罗，他从小酷爱棒球，医学院毕业后，去了古巴国家棒球队当队医。古巴居民上网受到限制，但安东尼奥迷恋电子产品，拥有苹果笔记本电脑，还有一台黑莓手机，不料他的电子产品总是惹祸。2009年，安东尼奥被曝"网恋被涮"：一名美国男子冒充"哥伦比亚美女体育记者"，与安东尼奥周旋，谈了8个月的网恋，随后这名男子公布了他与安东尼奥"情意绵绵"的聊天内容，引起舆论大哗。这不是安东尼奥第一次栽在"女友"手里，有一次，安东尼奥在家里随意拍摄了两个小时的录像，却不小心将录像丢在了前女友家里，前女友随即带着录像带跑到美国。2002年，美国佛罗里达州的一家电视台根据这些录像，制作了一个系列电视节目：《卡斯特罗的秘密生活》，播放了卡斯特罗和3个孙辈在小水池中玩耍及聊天的情景。这是卡斯特罗居住的"零号地区"第一次曝光。

尽管达莉亚是卡斯特罗的合法妻子，但她极少和卡斯特罗一起出席官方活动，即使出席也不会站在他身边。卡斯特罗将工作家庭区分开来的做法成为古巴各级领导人的行为准则，从古巴共产党的省市委第一书记、各级政府的主席到内阁部长，主持公开活动都不带夫人，为数不多的担任高级职务的女性也照此行事。

（《文史参考》2011年10期）

/ 1961年3月,古巴总理菲德尔-卡斯特罗(左一)在南汉宸团长(左三)陪同下参观中国经济建设展览会

用中文高唱《东方红》 遗憾未能与毛泽东谋面
卡斯特罗的中国缘

文 | 刘郴山

1960年9月2日,哈瓦那革命广场,近百万群众参加了"古巴人民全国大会",外国驻古使团均与会。卡斯特罗高声对听众说:"古巴革命政府提请古巴人民考虑,是

否愿意古巴同中华人民共和国建立外交关系？"与会群众纷纷举起双手，高呼："同意！同意！"卡斯特罗随即走到时任新华社驻古巴分社社长曾涛的身边，把他拉到讲台的正面，高举两人握着的手宣布："中国代表已经在这里了，从现在起，让台湾的代表马上离开古巴！"全场欢声雷动，经久不息。28日，中古双方发表建交公报，古巴成为拉丁美洲第一个与新中国建交的国家。

早在19世纪末，古巴反对西班牙殖民统治、争取民族独立的运动中，不少华人便参加了革命。至今，哈瓦那的利内亚大街上矗立着一座纪念碑，上面镌刻"没有一位古巴华人是逃兵，没有一位华人是叛徒"的铭文。卡斯特罗本人与中国也颇有渊源。

遗憾未能与毛泽东谋面

当年，卡斯特罗在马埃斯特腊山打游击时，曾与战友切·格瓦拉共同研究过毛泽东的《论持久战》。他们对毛泽东关于游击战和人民战争的战略战术非常重视，中国工农红军的"敌进我退、敌驻我扰、敌疲我打、敌退我追"十六字方针在古巴起义军中广为流传。在卡斯特罗看来："如果说没有苏联十月革命的胜利就不可能有中国革命的胜利的话，那么可以说，没有1949年的中国解放，也不会有1959年的古巴革命胜利。"

为了表示友好和敬意，卡斯特罗委托中国驻古巴首任大使申健，转交一把手枪给毛泽东作为礼物，手枪上用西班牙语刻着毛泽东的名字。1961年4月，美国策划了"猪湾事件"，由1400名古巴流亡者组成的雇佣军企图推翻成立不久的革命政权，结果遭到惨败，近1200雇佣军被俘。卡斯特罗送给毛泽东的那支"柯尔特"M1911A1手枪，正是从雇佣军手中缴获的战利品之一。M1911A1手枪采用世界上最大的手枪口径，达11.43毫米（0.45英寸），发射威力大。毛泽东收到后，让中共中央办公厅相关人员把这支有特殊意义的手枪移交中国人民革命军事博物馆收藏。1962年古巴导弹危机爆发后，毛泽东发表声明：坚决支持古巴，反对美国的战争挑衅，声援卡斯特罗。

20世纪60年代中后期，随着中苏论战的爆发，古巴倒向了苏联一边，与中国关系陷入低谷，十几年后两国关系才逐渐恢复，这使得卡斯特罗失去了与毛泽东谋面的机会。多年以后，卡斯特罗感言："我真希望跟毛泽东结识，但却遗憾未得与他见上一面。在世界最伟大的政治战略家中，在古往今来所有的军事领袖中，一定不能漏掉毛泽东。"

相对而言，切·格瓦拉比卡斯特罗幸运多了。古巴革命政权建立不久，格瓦拉即率古巴代表团访问了中国，并且如愿见到了崇拜已久的毛泽东。刚见面，格瓦拉竟然紧张得说不出话来,毛泽东注视着30来岁的格瓦拉,亲切地说:"切,你好年轻哟!"与卡斯特罗一起闹革命时,格瓦拉读过毛泽东的著作,他常把"不到长城非好汉"这句话挂在嘴边。

获赠江泽民诗篇

20世纪80年代以来,卡斯特罗调整外交政策,与中国修好。特别是东欧剧变、苏联解体后,古巴一夜之间失去了其主要产业——蔗糖的绝大部分出口市场,粮食、石油等重要物资也断了来源。

由于没有石油,耕地、收割用的拖拉机等机器装备大多废弃,交通也成了大问题,古巴不少城市街头甚至出现了牛车。卡斯特罗于是决定从中国进口自行车,同时利用中国提供的贷款创办自行车厂。近百万辆自行车很快运抵古巴。中国的永久牌、飞鸽牌和凤凰牌三大名牌自行车越来越多地出现在首都哈瓦那的大街小巷。尤其在上下班高峰期间,南来北往的自行车络绎不绝,成了一道别致风景。

1995年11月29日,卡斯特罗首次踏上中国国土,对中国进行正式国事访问。原定访问时间是一个礼拜,后来因为时间不够,加了一天,总共为期8天,足迹遍布北京、西安、上海、深圳和广州。车队路过天安门广场时,卡斯特罗把脸贴近车窗,仔细观看,凝视着天安门。这一次出访,他如愿在纪念堂瞻仰了毛泽东遗容。

6年后,江泽民访问古巴,赠送了亲笔书写的七绝一首:朝辞华夏彩云间,万里南美十日还。隔岸风声狂带雨,青松傲骨定如山。多年来,卡斯特罗敢与美国叫板,颇有"大雪压青松,青松挺且直"的气概。

带伤迎接胡锦涛

2004年11月22日至23日,胡锦涛对古巴进行国事访问。22日晚,哈瓦那革命宫,准备合影时,卡斯特罗一直在同胡锦涛说话。直到有人提醒他该拍照时,他才扭过头来,对着镜头笑了笑,忽然挥起左手,高呼一声"中国万岁!"

此前一个月,卡斯特罗在一次集会上不慎摔倒,导致左膝和右臂骨折,因此他只能带伤坐在轮椅上。23日中午,众人来到革命宫中央大厅,活动程序的第一项是全体起立,军乐队奏两国国歌。这时,只见已经一个多月站不起来的卡斯特罗颤抖着挂起一根拐杖,随大家一起站了起来。古巴国歌长达1分多钟,《义勇军进行曲》持续了近50秒。所有人都注意到卡斯特罗最后险些摔倒,但他还是坚持着站住了。事后得知,为了实现受伤之后的第一"站",他在前一天晚上特意让人赶制了一根拐杖。

为表盛情，卡斯特罗随后提出要坐着轮椅亲自到机场为胡锦涛送行。为了他的健康，胡锦涛一再表示不能让他到机场去送行。当天下午，胡锦涛在信息科学大学参观时还通过古巴外长做工作，劝阻卡斯特罗。最终，卡斯特罗同意让劳尔代表他去机场。古巴领导人非常感谢胡锦涛，在他们眼里，

他喜欢边吃边聊，一顿饭要吃几个小时。卡斯特罗很懂烹饪，而且很喜欢中国菜，他很会用筷子，基本不用刀叉

卡斯特罗是一个很难劝的人，一旦决定了的事，几乎就不可能改变。他们甚至开玩笑说："看来以后遇到要劝阻他的事情，就得请胡主席出面了。"

用中文高唱《东方红》

卡斯特罗喜欢喝中国的桂花陈酒和茅台，经常到中国驻古巴大使馆做客。驻古巴前大使陈久长回忆，有一回在使馆用餐，卡斯特罗夹菜时不小心掉了一块在桌上，坐在他身旁的大使夫人陈镇坤正要用餐巾纸处理，卡斯特罗眼疾手快一下就用筷子夹起来吃了。他说："这是劳动人民辛勤劳动的成果，不能随便丢掉。"

当大使夫妇为他添菜时，他总是说"我吃多少由我自己添，你们添多了，吃不完就浪费了"。还有一次也是在使馆宴席上，陈久长照例用中国茅台酒招待。酒席过半，当招待员添酒时，陈久长突然发现酒杯里有个小黑点，于是轻声示意招待员把酒换掉，不料卡斯特罗立马上端起酒杯一饮而尽，并说，"这不能倒掉，12亿中国人有多少人能喝上茅台呢？"

驻古巴前大使徐贻聪对卡斯特罗也印象深刻。卡斯特罗做客中国大使馆，如果没有要务缠身，他喜欢边吃边聊，一顿饭要吃几个小时。卡斯特罗很懂烹饪，而且很喜欢中国菜，他很会用筷子，基本不用刀叉。卡斯特罗颇懂"礼尚往来"之道，他常派人给使馆送来东西：几百斤重的活猪，几十只鸭、鹅，一百多只鹌鹑以及蔬菜等等。

1993年12月26日，纪念毛泽东100周年诞辰那天，卡斯特罗再次来到使馆。他与参加活动的全体人员用中文高唱了《东方红》。结束后，卡斯特罗风趣地说："我发现有几位古巴人还不会唱这首歌。这次可以原谅，但下次再不会唱的话，将被取消同徐大使聚会的资格。"

(《文史参考》2011年10期)

为曼德拉祝寿 帮马拉多纳戒毒
卡斯特罗的四海朋友

文 | 王清清

2006年8月13日,卡斯特罗迎来80大寿。音乐家和歌唱家在美国驻哈瓦那外交机构所在地对面搭起了舞台,众人齐唱"生日快乐",向卡斯特罗表达祝福;糖业工人在甘蔗地里多劳作4小时,以此作为献礼……

半个多月前,卡斯特罗因肠道出血接受了手术,切除部分肠道,开始病休。为此,古巴政府把卡斯特罗80大寿生日庆典推迟到了11月28日至12月2日。尽管卡斯特罗本人因病并未出席,80多个国家的1000多名嘉宾还是如期前往助兴,足见卡斯特罗感召力之大。其实,卡斯特罗在世界范围内多有知己,包括政治家、文学家、画家、球星等。

送上雪茄烟和朗姆酒为曼德拉祝寿

查韦斯可谓是卡斯特罗最坚定的反美盟友。两人初次见面是在1992年:38岁的伞兵部队中校查韦斯在委内瑞拉发动兵变,但以失败告终,随即锒铛入狱。2年后,查韦斯被大赦释放,他的第一个想法就是去古巴结识心目中的英雄——卡斯特罗。

飞抵哈瓦那后,查韦斯惊讶地发现,卡斯特罗竟亲自来到机场迎接,并陪他一起检阅了仪仗队。要知道,这可是给予国家元首的最高礼遇。

1999年,查韦斯当选委内瑞拉总统,卡斯特罗高兴地参加了他的就职典礼。此后,两人的交往越来越频繁。他们不时一起打棒球,或者讨论世界局势。2006年卡斯特罗生病住院后,查韦斯成了看望最勤的人。看到查韦斯的到来,卡斯特罗禁不住高呼:"兄弟!英雄般抵抗的绅士!太好了,一百万个感谢。"

拉丁美洲之外,卡斯特罗也有许多挚友。南非前总统曼德拉就是其中之一。在曼德拉领导南非人民反对种族歧视斗争的关键时刻,卡斯特罗向他伸出了有力的援手,当时,在卡斯特罗"输出革命"思想的指导下,古巴驻非洲的军队多次重创南非种族主义政府的军队。

1994年,曼德拉就任南非总统,卡斯特罗不远万里赶来祝贺。在曼德拉就职的第二天,南非宣布同古巴建交。克林顿任美国总统时，曾访问南非，他算是与曼德拉私交最好的美国总统了。在记者招待会上，曼德拉却当众告诫，南非决不放弃同古巴的良好关系，因为他永远不会忘记这个岛国曾在南非人民最艰难的时刻给予的支持。

2006年7月，曼德拉迎来88岁生日庆典，卡斯特罗特地送来精美雪茄烟和朗姆酒，朗姆酒是古巴国酒，有"甘蔗的欢乐之子"和"古巴茅台"之誉。可惜曼德拉并不抽烟，也不嗜酒。卡斯特罗与曼德拉可谓惺惺相惜，两人早年都曾入狱，最终成为影响世界的革命导师，他称赞曼德拉捍卫了人类的尊严，是"人类最崇高品质的象征"。

希望成为马尔克斯那样的作家

可以说，没有美丽的古巴，可能海明威的《老人与海》也不会诞生，这篇文学名著正取材于古巴渔民。

海明威常驾驶他的游艇"皮拉尔"号出海钓鱼，他还是古巴钓鱼大赛的组织者。1960年5月15日，一场大赛正在举行，卡斯特罗受邀参加。他因为"碰巧"捕得一只大的枪鱼而获得一等奖。年轻的革命家从文武双全的"老人"手上接过奖杯。两人就这样第一次会面了。

卡斯特罗向海明威谈起《丧钟为谁而鸣》对他个人的特殊意义。他说这部小说教给了他"以少胜多"的方法，他从中学会了如何用散兵游勇去应对装备精良的正规部队。卡斯特罗清楚地记得小说中的一个细节：一个狙击手埋伏在一个隘口注视着一支逼近的骑兵队。他受此"启蒙"，领悟到了"有利的位置"可以让一个人创造"一夫当关，万夫莫开"的奇迹。

卡斯特罗很遗憾自己与海明威仅有一面之缘。他说人们总是迷信"来日方长"，而等待的结果通常是意想不到的噩耗。1961年7月2日，离62岁生日仅差19天之际，因不堪身体病痛折磨，海明威开枪自杀了。此后，卡斯特罗只能与悬挂在办公室里的那张海明威的照片默默对视。

受海明威影响，卡斯特罗意识到文学的生命将长过"所有的人"，他蔑称那些认识不到这一点的人为"野蛮人"。这也就不难理解卡斯特罗为何与哥伦比亚作家加西亚·马尔克斯心有灵犀，后者因长篇小说《百年孤独》获得了诺贝尔文学奖。

1959年古巴革命胜利后不久，马尔克斯应邀访古，随后又参与了古巴官方通讯社拉丁社波哥大分社的筹建工作，后来还成了古巴驻联合国的常驻记者。

1982年，马尔克斯获得诺贝尔奖。凭借丰厚的奖金，马尔克斯随即出巨款资助古巴建立了一流的现代化国际电影学院，为古巴和拉美的"新电影"培养人才。2002年，卡斯特罗在哥伦比亚《变革》杂志上撰文,向读者推荐马尔克斯新作《历尽沧桑话平生》,他在文中表示:希望来世能当一名像马尔克斯那样的作家。

卡斯特罗80大寿时,78岁的马尔克斯拄着手杖,亲自赶到哈瓦那为其祝寿。"如果我能来这儿庆贺他的百岁大寿,我会更高兴。"马尔克斯说。在他看来,卡斯特罗"通常能在一天的清晨开始阅读一本书,到了次日清晨他已经可以对该书做出评论。他可以阅读英文书籍,却从不讲英语。他喜欢西班牙文书籍,似乎他随时准备好了阅读一本书。他喜欢看经济和历史类书籍,同时也是文学爱好者,并随时关注着文学界的动态。"

当马尔克斯问什么是他在这个世界上最想做的事情时,卡斯特罗毫不犹豫地答道:在一个角落停下来。

△／1960年5月,海明威向获得钓鱼比赛一等奖的卡斯特罗表示祝贺,这也是两人唯一一次见面。海明威在古巴生活了20多年,他说:"我热爱这个国家,感觉像在家里一样。"在这里,海明威完成了《丧钟为谁而鸣》和《老人与海》,开启了通往诺贝尔文学奖的荣耀之门

帮助马拉多纳戒毒

喜欢运动的卡斯特罗还有不少文体界的大腕朋友,他与阿根廷球星马拉多纳的深厚交情一直是国际足坛的一段佳话。

卡斯特罗认为,作为"世界球王"的马拉多纳倔强不羁,敢于反对强权。世界杯中强调的公正、公平原则代表了卡斯特罗期待的世界秩序。美国在足球领域并非强队,而拉美的巴西、阿根廷都是世界一流强队,甚至连小小的厄瓜多尔都可能胜过美国。世界杯使古巴人认识到,强大的美国也是可以被打败的。

但马拉多纳因吸毒被迫终止了足球事业。2000年1月,马拉多纳因吸毒引发了严重的心脏病。消息传出后,卡斯特罗立即请他到哈瓦那来进行治疗。多年来,在卡斯特罗力推下,古巴许多医疗技术已位居世界前列。卡斯特罗亲自为他安排了一个全国最好的医疗小组进行会诊。在将近4年的时间里,

马拉多纳的身体逐渐恢复。他嘴叼雪茄,和普通古巴人打成一片,成了卡斯特罗的挚友。

"对我来说他就是神。"马拉多纳高度评价卡斯特罗。他身上有两处文身,其中一处在右肩,形象是南美革命运动传奇英雄切·格瓦拉,另一处在左腿,形象便是卡斯特罗,这样两人就能形影不离了。

爱看卓别林的电影

尽管卡斯特罗一生与美国政府为敌,但他却穿着美国的耐克球鞋——这是美国导演奥利弗·斯通发现的。斯通曾以执导《野战排》知名。2003年2月,斯通花了三天时间追踪采访卡斯特罗,为其制作了一部专题纪录片《总司令》。期间,两人畅谈政治、人生甚至伟哥。

卡斯特罗告诉斯通,意大利女星索菲亚·罗兰和法国女星碧姬·芭铎是他的偶像,他酷爱看卓别林的电影。

经过交流,斯通很快成为卡斯特罗的粉丝之一。他将卡斯特罗比喻为"站在风车前的堂吉诃德",为了自己的理想和信仰苦苦奋斗。"他为了自己的革命理想必须坚持原则,因为他知道,只要做出一点点让步,美国就会得寸进尺。如果让美国在古巴开设第一个麦当劳,无数的麦当劳将会蜂拥而至。"

卡斯特罗生病住院后,斯通告诉美国媒体:"卡斯特罗是我见过最聪明的人,是个值得敬佩的人。他那么繁忙,还愿意坚持不懈地倾听像我这样的普通人的意见,这很难得"。

(《文史参考》2011年10期)

第三部分

铁腕强人

当一个国家一个民族陷入低谷时,往往会有铁腕强人降临,率领人民走出泥淖;而当雨过天晴时,铁腕强人又会成为民主与和平的障碍,难免上演英雄末路四面楚歌的悲剧。他们一面是天使,一面是魔鬼,关于他们的争论永无休止,关于他们的传说也一直飘荡在江湖

/ 1894年，身穿胸甲骑兵制服的俾斯麦

世间堂皇之物，每每与堕落天使相仿
俾斯麦不只是"铁血"

文 | 刘怡

"世间堂皇之物，每每与堕落天使相仿：华丽但欠和平，计划与努力卓越、然而不得成功，骄傲却又忧郁。"

这段雅致而忧郁的文字，并非出自哪位诗人的笔下，而是由19世纪中欧最伟大的政治家在他的青年时代所写下。这个人以毕生的努力，缔造了乔纳森·斯坦伯格口中的"欧洲大陆史无前例的最强帝国"："工业扩张的喧嚣和气息弥漫着它的土地，普天之下最可怕的陆军保卫着它的安宁，全世界第二强的公海舰队增益着它的权威，'力量'这个单词能够找到的每一种表现形式都在那里层出不穷地绽发。"然而如此堂皇的存在，依旧无法摆脱其创造者昔年的谶语：在那个伟大而孤独之人逝去之后20年，"骄傲却又忧郁"的德意志帝国也在一场内部革命中轰然崩塌。

这位独一无二的创造者，便是奥托·爱德华·利奥波德·冯·俾斯麦。人们习惯于称他为"铁血宰相"，这个短语出自他1862年的"铁与血"演讲，本意是强调经济实力（铁）和军事力量（血）之于普鲁士国际地位的意义；然而经过长期的引申和讹传，"铁血"意外地变成了一个形容词，似乎只有专断暴戾、不近人情之人才会被冠以这样的描述。同样被曲解的还有俾斯麦在德国统一过程中的贡献：教科书和通俗读物描绘了一个"多智而近妖"的形象，他在青年时代就已设计出统一中欧的整个路线图，一俟跻身高位便将其付诸实施，过程极为顺利，未曾遭遇任何挫跌——这更像是二流穿越小说的主人公。

真实历史中的俾斯麦，从未像后世演绎的那样平面化和单一。他是一个有"天才病"的伟人，喜爱美食、美酒和美女，因此在中年后饱受肥胖及各种慢性病的困扰。他说话的声音小而尖利，表情带有装腔作势的神气，并且有着极强的表现欲。他的内心极度敏感，不愿对他人袒露自己的真实想法，习惯在沉思而不是讨论中制定大政方针。他的心理状态经常在自我怀疑和妄自尊大间徘徊，喜怒无常、难以捉摸，为许多同僚所诟病。只不过他的传记作者更加反感那位轻佻的新德皇威廉二世，因此把感情寄托在已故的俾斯麦身上，对他的形象做了刻意的拔高。

但俾斯麦显然不是因为其性格缺陷才名留青史，对时代精神的把握和谨慎节制的政治家美德才是他成就伟业的主要原因。他曾因为刚愎自用犯过许多错误，但由于善于观察和反思，总能抓住转瞬即逝的机会扭转局面，并且擅长在纷繁复杂的局面中为自己的主张寻找出口。在质疑旧的外交观念的同时，他继续保持着对国家的忠诚、对个人情绪的控制以及对经典政治艺术的尊重，也善于从历史中学习。他对普鲁士既有政治体制和权力结构进行了改良，并使其效能最大化，而不是发动一场超越时代的革命——这既足以解释他的成就，也足以解释其中的隐忧和缺憾。

轻狂的"野蛮人"：意料之外的晋升

1815年4月1日，奥托·冯·俾斯麦出生在普鲁士萨克森省的申豪森。他的父亲斐迪南是一个随遇而安、笨头拙脑的世袭容克地主，年轻时参加过对法兰西共和国的战争，此时正过着半退休的乡绅生活；母亲威廉敏娜·路易丝·梅肯比斐迪南小18岁，出身市民阶层，思想前卫、精明强干。

由于母亲的干预，俾斯麦在高中毕业后没能进入军校，而是前往哥廷根大学和柏林大学攻读法律。他那惊人的表现欲和反叛精神此时已暴露得相当充分，比如曾在三个学期里参加过25次决斗，还一口气喝下过6瓶烈酒。许多年后，"铁血宰相"不无戏谑地宣称，他是"少数几个能逃离黑格尔影响的德国人之一"，因为他从来都没有认真读过。相对于本专业的典籍，这位年轻贵族更喜欢诗歌、戏剧和历史传记，还写得一手好散文。

从1835年到1838年，这位未来的宰相一直在亚琛当小公务员，并且因为交了太多女朋友而负债累累，最后只能弃职走人。到了1839年，俾斯麦开始在波茨坦的后备军服兵役，并在那里结识了普鲁士王储腓特烈·威廉亲王，即后来的普王腓特烈·威廉四世。1847年，威廉四世决定召集地方阶层代表到柏林召开议会，由于一位波美拉尼亚代表患病无法出席，俾斯麦作为候补者进入名单，略显仓促地登上了政治舞台。

1848年，欧洲革命的浪潮蔓延到普鲁士，政坛新人俾斯麦马上表现出胆大妄为的一面：他一发现腓特烈·威廉国王准备向自由派投降，就胁迫王弟威廉（后来的普王威廉一世）的妻子奥古斯塔发动宫廷政变，企图软禁国王、扶植威廉上台。只是因为奥古斯塔的反对和腓特烈·威廉最终与自由派决裂，这个阴谋才没有得逞。之后几年，俾斯麦在普鲁士国内始终被视为眼高手低、不负责任的"嘴炮"政治家，经济状况也是一塌糊涂，直到1851年他受命参加在法兰克福开幕的德意志邦联议会。

　　法兰克福的 8 年经历是俾斯麦政治生涯的转折点。当普鲁士各阶层对德意志邦联的未来以及普奥关系意见纷繁时，只有这位反叛者越来越清醒地认识到：正统主义的时代即将过去，普鲁士在处理欧洲外交和邦联内部的关系时，应当遵循现实主义原则，把民族利益当作第一目标。他早年所受的自由主义影响开始退潮，右倾、强硬、务实则越来越成为"俾斯麦主义"的标签。但这位"野蛮人"专横的行事风格和酷爱推卸责任的个性使他根本得不到机会去施展自己的才华：1858 年威廉亲王出任摄政（腓特烈·威廉四世因精神失常不能理政）后，柏林的宫廷一度被自由派包围，俾斯麦在法兰克福和奥地利人闹得不可开交，又不愿回到祖国去仰政敌的鼻息，只能申请前往遥远的俄国担任大使。

　　1862 年，当围绕扩军预算的政治危机达到高潮之际，王室需要一个强人来夺取主动权，无所顾忌而又不讨所有人喜欢的俾斯麦正是最佳人选。这位缺乏经验的中年人意外地获得了宰相兼外交大臣这个万人之上的职位，随后整整 27 年都没有离开。

相时而动：统一北德意志

　　自由派并非俾斯麦最忌惮的敌人，他的长期任务仍在于为普鲁士王国规划一个国家战略目标。当时的普鲁士在中西欧列强中人口最少（1850 万人，法国为 3740 万，奥地利 3170 万），武力最弱（陆海军一线兵力共 20.1 万人，法国为 60.8 万，奥地利 30.6 万），经济基础虽然优良，但市场和劳动力都极为有限。在 1856 年一份著名的电报中，俾斯麦就已断言：普鲁士和奥地利在疆域、资源乃至人口方面的体量远不及法俄这样的顶级大国，奥地利还面临民族矛盾，因此即使普奥合为一国，也不过是一个虚弱的中等强国；况且"德意志疆域太小，难以容下两个主人"，与其费尽心机地讨好奥地利，并为其衰弱买单，不如干脆甩掉这个包袱，建立一个完全以普鲁士为中心的"小德意志帝国"。

　　考虑到中欧统一会给欧陆均势带来决定性冲击，引发列强的警惕，俾斯麦开始尝试编织一种复杂的同盟体系。这种结盟策略后来在 1870-1880 年代的德国外交中进一步发扬光大，并被冠以"俾斯麦体系"之名，它

△ / 在柏林大学读书时的俾斯麦，菲利普·佩特里绘

/《柯尼格拉茨会战》油画,格奥尔格·布莱布特罗伊绘。该图描绘的是战役尾声时的情景:威廉一世(骑黑马者)与俾斯麦(骑枣红马者)亲临第一线视察战局,远处的奥军已经开始溃退

第三部分
铁腕强人

的核心要义是两句话：第一，每次结盟都是为本国的特定利益服务，开价高者优先，永远不使意识形态、君主关系等抽象因素成为盟约的基础，亦不使普鲁士的长期政策为盟约所累。第二，任何情况下都要防止有两个及以上大国联合起来针对普鲁士的态势发生，为此应适时离间列强、使其互不信任，继而把普鲁士当作保障安全的伙伴候选人。

在1862年，俾斯麦面临的问题是：首先，他要让普奥矛盾公开化，使普鲁士国内的"大德意志主义"者（赞成由德奥共组统一的德意志国家）以及其他小邦君主放弃让普奥继续待在一个共同体里的念头；其次，他要使奥地利在国际上处于孤立地位，为此至少要取得法俄两国中一国的支持。第二件事很容易就做到了——1863年波兰起义爆发后，普鲁士顶住半个欧洲的压力，与俄国缔结了善意援助的协议。

1866年春天，为了压服维也纳在威尼斯问题上做出让步，意大利王国提议与普鲁士结成军事同盟，共同对抗奥地利。4月8日，两国代表在柏林缔结盟约，规定：若普奥两国决裂，意大利应在三个月之内对奥宣战；普鲁士则有义务协助意大利收回威尼斯。这份盟约的火药味是如此浓重，以至于普鲁士的激进民主派决定暗杀俾斯麦这个"战争贩子"。5月7日，图宾根大学学生斐迪南·科亨-布林德在菩提树下大街朝宰相连开两枪，子弹穿透了大衣、礼服和衬衫，但只造成皮外伤。柏林大学的一位教授抱怨说："难道这个国家就没有一把好一点的手枪吗？"

俾斯麦决意孤注一掷：他已经获悉法国将保持中立，又有意大利在南方牵制维也纳的注意力；尽管大多数德意志邦国选择站在奥地利一方，柏林还是下达了进军令。6月15日午夜，俾斯麦在外交部的花园里告诉英国大使："要是我们吃了败仗，我将不再回到这里，而是亲赴前线、死在最后一次进攻中。人固有一死，与其吃败仗，还不如死了好。"

所有人都认定普奥两国的战争会持续数年之久，只有普鲁士陆军总参谋长老毛奇不敢苟同。过去几年里，他一直在研究如何利用铁路线和电报网快速集结部队，从而把旧式会战长达数月的准备时间缩短到几个星期。在他的坚持下，3个普鲁士集团军乘坐火车、从300公里长的弧形战线上同时朝波希米亚开进，在半个月之内抵达了易北河畔的柯尼格拉茨。7月3日，在威廉一世和俾斯麦的注目下，22万普军痛击24万奥军和萨克森部队，在半天内就重创了后者。8月23日，奥地利被迫缔结和约，同意解散旧德意志邦联。

1867年4月16日，美因河以北的22个德意志邦国宣布组建北德意志联邦，由威廉一世担任盟长。在联邦议会审议宪法草案

△ /《德意志帝国宣告诞生》，油画，安东·冯·维尔纳绘。该图描绘的是德意志各邦君主在凡尔赛宫镜厅拥戴威廉一世为统一的德意志帝国皇帝，台阶下着白衣者为俾斯麦

时，俾斯麦踌躇满志地高呼："让我们把德国扶上马！它一定会策马奔腾。"

筚路蓝缕：从普法战争到帝国肇建

普奥战争尘埃落定之后，法国就成了统一事业最后、也是最大的拦路虎。自黎塞留时代以来，巴黎就是中欧分裂的得利者和维护者；尽管法皇拿破仑三世在德意志问题上动作过于迟缓——这位好高骛远的皇帝更热衷于在亚洲、非洲和中美洲宣示国威，并以"自由民族的庇护者"自居——但在奥地利战败之后，他也警觉起来，企图把俾斯麦的步伐阻挡在美因河一线。

1866年秋，法国向普鲁士提出：若普国希望法方承认普奥战争的结果，则应将莱茵河左岸的部分领土割让给法国，或协助法国吞并比利时。这一动议无果而终后，法国又开始图谋获得卢森堡，作为威胁普鲁士的前哨。卢森堡大公国的地位与当初爆发危机的石-荷两公国类似：虽由荷兰国王统治，但属于德意志邦联成员，其防卫由普鲁士担当。俾斯麦一面说服荷兰当局拒绝法国人的收购要求，一面把交涉过程中的各种文件透露给南德诸邦，以暗示：法国在德意志问题上关心的仅是一己私利，唯有普鲁士始终坚决地维护作为整体的德意志的利益。尽管卢森堡危机最终以和平方式解决（卢森堡永久中立化，法国放弃吞并，普军也自该国撤出），但普法两国的矛盾已经彻底暴露，再无转圜余地。

1868年秋天，真正的导火索开始涌现：西班牙进步党人推翻了伊莎贝拉二世女王的统治，并把普鲁士霍亨索伦王室的旁支成员利奥波德亲王选定为新国王。这一消息在法国引发了愤怒的抗议，从民众、议会到政府都要求普鲁士人拒绝这项动议。尽管利奥波德迫于压力、很快宣布放弃对王位的要求，但法国驻普代办贝内德蒂伯爵还是赶到温泉疗养地埃姆斯，向正在那里度假的威廉一世提出：以霍亨索伦家族族长的名义发布一项声明，永远不赞成本家族成员接受西班牙王位。威廉一世认为这一要求带有强制意味，他本人无法接受；但他也无意把事情闹大，于是发电报给俾斯麦，请后者定夺：是否可以向报界和外国宣布，普王理解法国方面的意图，但出于自尊不愿擅做回应。然而俾斯麦却反其道而行——他把长达200余词的电报底稿删减成了只有20个词的短句，使人感觉法国提出了极具侮辱性的要求，被普方断然回绝。这样一来，普法两国的民族主义情绪都被煽动起来了。

支撑这种胆大妄为之举的是俾斯麦对本国和敌方的了解：北德统一之后，"铁与血"已经积累到了相当可观的地步，民族主义者对政府的成就也心悦诚服，目标极为一致。而法国由于王室和议会矛盾不断激化，军事改革也归于失败，此时正处在最衰弱的关头。然而拿破仑三世为维系其残存的威望，势必要以激烈之举回应埃姆斯电文，这就给普鲁士打一场短促的进攻战创造了条件。果然，

> **北德统一之后，"铁与血"已经积累到了相当可观的地步，民族主义者对政府的成就也心悦诚服，目标极为一致**

1870年7月19日，法国主动对普宣战，德军立即入侵边境地带，包围梅斯。拿破仑三世亲率麦克马洪元帅的第二集团军前来增援，却被两个兵力占优的北德集团军包围在色当，被迫投降。德军随后对巴黎进行了围困，

迫使新成立的法国共和政府放弃首都、并签署了屈辱性的和约。1871年1月18日，南德诸邦君主在凡尔赛宫的镜厅奉戴北德意志联邦盟长威廉一世为全德君主，德国的统一以迅雷不及掩耳之势完成了。

1874年，俾斯麦告诉几位保守派政客："伟大的事业已然宣告完成：德意志帝国被创造出来了。现在，我开始感到无聊。"考虑到这一年他还不满60岁，这段话显然有些言不由衷：在由普鲁士王国宰相升格为德意志帝国头号国务大臣之后，为新国家设计宪政结构和决策体制的重任也落在了他的肩头。但恰恰是在这个问题上，俾斯麦交出了一份毁誉参半的答卷。帝国宪法是以1867年颁行的北德意志联邦宪法为蓝本炮制出来的，后者为了减少统一进程的阻力，允许各邦保留相当大的自主权，仅要求其承认普鲁士的领袖地位。在机构设置上，它表现为由25个邦君主的代表组成的联邦参议院，拥有宣战、审核政府议案、起草法律条文等权力。但各邦在投票时的权重差异甚大：只有8个邦拥有独立票数，其余17个邦共享一票；8大邦中普鲁士一家独占17票，巴伐利亚6票，其余6个邦只有2—4票不等。宪法规定，任何涉及政体变更的提案都须在参议院58票中获得44张以上的赞成票才能通过，如此普鲁士在任何情况下都有能力阻止各邦脱离自己的领导。作为交换，各邦拥有独立自主的税收政策，帝国能直接征收的只有关税、邮资和几种特别税。负责后一类事务的是由全国25岁以上男子普选产生的帝国议会，共有397个席位，它的职能是协赞法案、表决预算，但没有独立的立法权。

帝国宰相是全国最高行政首长，由皇帝本人提名，无须接受议会信任表决。不过考虑到行政部门与立法部门间的摩擦，只有在获得参议院认可的情况下，宰相才能自如地行使职权，所以帝国宰相往往由普鲁士宰相兼任。1876年以后，宰相办公厅之下陆续新设了8个帝国办公厅，分别负责外交、财政、司法、内政、邮电、铁路、海军和阿尔萨斯-洛林事务，部门首长称为国务秘书，对宰相负责。帝国宰相是唯一的国务大臣，8个办公厅首长和他不是平起平坐的阁僚关系，而只是他的下属和助理。

从1871年到1890年，俾斯麦在行政部门始终行使着一种"波拿巴式独裁"（这是当时知识分子的讥讽）。除去宪法本身授予宰相的大权外，他个人的威望和手腕发挥的影响也至关重要。彼时德国驻外使节多由普鲁士贵族担任，按照正常程序，他们应当把搜集的情报和起草的备忘录呈递给外交国务秘书（由俾斯麦本人兼任），再由宰相制定政策并征求皇帝的意见；但部分大使往往会利用与德皇的私人关系，越级递送文件、发表看法。1873年，驻法大使冯·阿尼姆伯爵致信威廉一世，对俾斯麦的外交政策进行攻讦，并把信件内容透露给了报界。"铁血宰相"不惜以辞职相威胁，迫使德皇同意他查办阿尼姆，判处后者九个月监禁。这一事件后，俾斯麦对外交决策的控制达到空前程度，威廉一世也乐于将始自统一战争时代的信任继续赋予他，形成了"国家即宰相"的特殊面貌。

平心而论，若无俾斯麦这个事实上的独裁者存在，德国在统一后第一个20年很难既维持高速的经济增长，又在对外事务上游刃有余。然而辉煌中也隐藏着危机，俾斯麦的大权独揽是以他在统一事业中的贡献和威廉一世的信任为基础的，完全无法复制。即使是俾斯麦本人，在君主更迭后也最终黯然引退，这预示着那些威望远不如他的继任者很难把一项政策持之以恒地推行下去。再者，作为一位孤僻的天才，俾斯麦的大部分理念和路线是在极端保密的情况下凭借一己之力构思出来的，下属和幕僚被他视为执行机器，既无从窥见政策的奥妙，也无法习得舵手的经验。年复一年，德国的外交和行政部门逐渐被一群尽职、干练但缺乏判断力的官僚所占据，对那个仅有的"主脑"依赖程度越来越高。俾斯麦在1890年离职后，继任的卡普里维等人根本无法延续他"同时玩转七个水晶球"的复杂政策，只能另起炉灶推行一条简单粗暴的路线；"铁血宰相"的独断专行既是他伟大功勋的主因，也成为一项有害的遗产。

无可奈何花落去："铁血宰相"退场

如果说法国问题构成了17—18世纪欧洲国际关系史的主旋律，那么1871年南北德统一就开启了新的魔盒——德意志问题。此前数百年一直是大国竞技场的中欧突然结合为一个整体，人口总量、经济潜力和陆上军力高达周边中等强国的两倍以上，不独令1763年以来运作如常的英法普奥俄五强协调机制就此倾颓，对俄奥、法俄双边关系的影响亦极深远。然而德国身处英俄两个侧翼大国之间，又与念念不忘复仇的法国毗邻，安全环境极为险恶。

正是因为德国的权势基值是如此惊人，地理位置又极敏感，俾斯麦从一开始就不把攫取欧陆霸主地位作为行动目标。他担忧的是本国"被包围"，为此必须争取英奥俄三强中至少两国的友谊。鉴于迪斯累里首相治下的英国坚守"光荣孤立"，柏林别无他法，只有串联矛盾正在上升的俄奥，这便是1873年与1881年两次"三皇同盟"以及1887年德俄"再保险"条约的初衷。俾斯麦以"诚实的经纪人"自居，对亦敌亦友的奥匈施展恩威两手，使其既与德国团结、又不敢越界行事；约束奥匈在巴尔干的野心后，柏林乃邀功于圣彼得堡，使后者感佩其诚意、远离法国，同时德国暗中支持俄国在东方问题上与伦敦对立，如此这两个侧翼大国将永无希望携手包围中欧。

至于英法两国，俾斯麦也有其手腕：他向伦敦表态无意插手海外事务，在埃及和土耳其问题上亦守善意中立，赢得迪斯累里的好感；甚至对宿敌法国，也以温言安抚，暗示其向海外发展，从而与英国产生摩擦。要诀在于，德国努力寻找与其余四强的利益交集，据此缔结双边盟约，却乐见各国相互猜忌；如此柏林便可以仲裁人身份出现，并被普遍视作可靠的伙伴甚至"正能量"的化身。

但俾斯麦体系属于高水平的动态平衡，理解与操作都极困难。它承认一种困境：强大带来不安，德国外部安全的弱化是其统一的副产品；在狭窄而危险的欧洲大陆，德国这类大角色永无希望获得彻底的、永久的安全，而必须根据形势的变化随时调整结盟关系，并且高度自制。这种时刻与不安为伴、需要

以极繁复的外交技巧加以维持的状态，实际上只有俾斯麦本人能够胜任，但他背靠的经济和社会基础——"黑麦与钢铁联盟"（农业集团与传统重工业者的联合）却是一股正在衰落的势力。1881年，三个代表新兴工商业阶层的政党德意志进步党、自由联盟和社会民主党在国会选举中合计斩获118席，较三年前增加了160%。他们热切地盼望"阳光下的土地"，要求建立一个以工业品出口为支柱、拥有广大海外原料产地和市场的殖民帝国，以争夺超越欧洲的"世界强国"地位。

为了安抚这股力量，俾斯麦不得不主动出击，投入争夺殖民地的竞赛。1884年，德国宣布将多哥兰、喀麦隆和西南非洲置于自己的保护之下。第二年11月，"德国殖民协会"创始人卡尔·彼得斯登陆非洲东海岸，将总面积达14万平方公里的坦噶尼喀殖民地收入本国政府囊中。太平洋方面，德国在1884年-1888年先后获得了新几内亚、俾斯麦群岛、所罗门群岛、布干维尔岛和瑙鲁，加上在非洲的收获，总面积超过100万平方公里，勉强满足了新

▶ / 俾斯麦铜像，最初竖立在议会大厦之前，现移存柏林大蒂尔加滕公园大角星广场

贵们的胃口。

但另一个人的胃口却是老头子无论如何都满足不了的,那就是1888年即位的新君主威廉二世。俾斯麦曾把控制威廉一世视为自己最重要的成就之一,他万万没想到,在老皇帝龙驭宾天之前,温和开明的皇储腓特烈·威廉竟也身患晚期喉癌,即将不久于人世。短短99天之内,两位君主相继去世,把冲动、自负、权力欲旺盛的威廉二世提前推上了前台。新皇帝表面上盛赞俾斯麦"是德国4600万颗忠诚的心所向往的旗手",背地里却告诉亲信:"我给那老东西六个月的喘息时间,然后就让他滚蛋。"他撤销了俾斯麦颁布的"阿尼姆禁令",允许各部国务秘书、驻外使节乃至高级将领直接与皇帝接触,这就使原本密不透风的决策程序变得支离破碎。威廉二世想法多变而执行力过"强",每当生出新的念头或灵感,往往迫不及待就要将之付诸实施。为了绕过按部就班的程序,他频频在第一时间借重密友、私人顾问和普鲁士贵族来制定甚至推行政策,这就使各部门界限性地陷入"决策失能"状态。

俾斯麦决意做出抵抗。1890年,他搬出了已故的腓特烈·威廉四世国王在1852年签署的一项法令,要求普鲁士各部国务秘书在向国王汇报事务前必须先与宰相商议。盛怒之下的威廉要求俾斯麦要么撤销这一法令,要么辞职。老头子企图以退为进,在1890年3月18日递上了辞职信——按照威廉一世时代的经验,皇帝会在几个星期甚至几天之内就把他召回,重新委以重任。然而这一回他想错了,威廉二世不仅没有挽留他,而且永远也不曾把他召回柏林。

"铁血宰相"的势力范围只剩下了远在劳恩堡的私人庄园,1894年11月妻子去世之后,这个世界上需要他操心的事就更少了。1897年12月,威廉二世最后一次造访这里,老头子坐在轮椅上警告他:"在腓特烈大帝死后20年,耶拿的惨败降临;如果时局依旧像现在这样,那么在我死后20年,冲突一定会到来。"他的身体已经变得极其衰弱,但依然支撑着又活了8个月。1898年7月30日深夜,他在女儿的陪伴下去世;死前5个小时,他在回光返照中留下了关于国是的最后教诲:"基于大众群体来制定政策是不可能的!只有国家理由!"

这个在活着时被讽刺、被憎恨、被刺杀的人,在死后获得了最不可思议的爱戴。威廉二世为了美化自己的公众形象,对已逝之人不吝褒扬之辞;皇帝的敌人则把死人当成是影射时局的武器,出版了五花八门的纪念著作。大大小小的俾斯麦铜像开始在德国的各个角落竖立起来,眼睛有的盯着东方,有的盯着西方,仿佛在期待自己的预言是否会成真。1914年8月,炮声终于响了。

(《国家人文历史》2015年8期)

穆巴拉克的末路悲歌
从民族英雄到铁腕领袖

文 | 杨济铭

2011年2月11日,埃及总统穆巴拉克宣布辞职。位于沙姆沙伊赫的穆巴拉克老宅,又一次迎来了它的主人。只是这一次,没有美国的中东特使作陪,也不再有巴以谈判的代表分列两侧。这座曾经见证了穆巴拉克最高荣耀的古老宅邸,这一次见证了他的黯然落幕。不久,穆巴拉克成为埃及史上首位接受审判的国家元首。

在此之前的30年间,美国经历了3任共和党与2任民主党总统的轮替,日本走马观花似地换了18个首相,而埃及的最高领袖,唯有总统穆巴拉克从英姿勃发的英俊青年到垂暮之年那日渐衰老的容颜。

这位曾经的战斗英雄、和平卫士、"救时"总统,终于因其政治上的强悍、推进民主改革中的迟疑,被自己的人民赶下了台。

出身草根心怀天下

1928年5月4日,穆巴拉克出生在埃及尼罗河三角洲地区一个普通的穆斯林家庭。父亲是一家法院的小职员,母亲是农民。在那一望无际的棉花田、甘蔗地里,穆巴拉克度过了充满幻想和幸福的童年。

穆巴拉克从小就显出不同寻常的天赋,有人说他6岁就会背诵《古兰经》。上中学时,他每天要步行几公里,他那壮实的身体,或许与此有关。学习的空隙,他最喜爱的运动就是打壁球,这个爱好在各国领袖中十分罕见,穆巴拉克却终生乐此不疲。

/ 穆巴拉克在埃及皇家空军服役时的照片

当穆巴拉克以优异的成绩从军事高中毕业后,父亲希望他进师范学院学习,毕业后回村里当一名小学教师。穆巴拉克却对当兵抱有极强的好奇心。在埃及,对穆巴拉克这样普通的青年而言,从军是获取政治影响力甚至可能取得财富的唯一门路。

1947年11月,穆巴拉克离开老家到位于开罗的埃及军官学校受训。两年后又因成绩优异被选派到航空学院继续深造,由此开始了辉煌的军事生涯。

/ 1981年10月14日,穆巴拉克在埃及人民议会上宣誓就任总统

不给总统弟弟"开后门"

1967年6月5日,以色列出动全部空军,对埃及、叙利亚和约旦等阿拉伯国家发动了大规模的突然袭击,第三次中东战争爆发。开战后60个小时,埃及作战飞机损失了95%,被以军击毁飞机336架,整个埃及空军陷于瘫痪,而以色列只损失了26架飞机。当时的埃及总统阿卜杜·纳赛尔感到加强空军建设势在必行,而空军的建设必须要有一位有能力、有魄力,并且能效忠于祖国的空军参谋长,穆巴拉克的名字在他的脑海中脱颖而出。

早在1956年,纳赛尔就听说过穆巴拉克。那时,还是航空学院教官的穆巴拉克在负责招生工作。一天,一个年轻人兴冲冲地来到他的办公室,开口便说:"我是贾麦尔·阿卜杜·纳赛尔总统的亲弟弟侯赛因·阿卜杜·纳赛尔,现已考上了空军学院,我是来报到的,但忘了带有关费用,请允许我先入学,明天再补交学费。"

穆巴拉克没有一丝让步地说:"孩子,你听我说,有制度规定不允许一个学生不交费就入学。今天我已经拒绝了40个没有交费的学生入学。你也不例外,还是回家去取钱吧。"

纳赛尔听说了这件事,对穆巴拉克那种不徇私情、严格执行规定的做法大加赞赏。一个人对总统的亲弟弟都毫不通融,还有什么人能在他面前徇私情呢?共和国要的就是秩序!

也是在这一年,28岁的穆巴拉克认识了一个学员的妹妹——年仅17岁的苏珊,穆巴拉克对她一见倾心,立即托人求婚。两年后,两人举办了婚礼。

有了总统的赏识,再加上贤惠的妻子的帮助,穆巴拉克的事业开始腾飞。

1967年11月,穆巴拉克担任航空学院院长,在不到一年半的时间内,他领导的航空学院就培养出了五批学员,这在埃及航空学院的历史上史无前例。1969年6月,41岁的穆巴拉克被纳赛尔总统任命为空军参谋长。他的任务就是重建埃及空军,使其成为能够招架、甚至击败以色列的最有效的作战机器。事实证明,纳赛尔的眼光没有错。

十月革命的"杰出英雄"

1973年10月5日,犹太人赎罪日的前一天。在以色列总理梅厄夫人的特拉维夫官邸,以色列内阁召开了一次简短的会议,中心议题是阿拉伯部队会不会马上开战。

而另一端,埃及空军司令穆巴拉克正不紧不慢地给手下的五名高级军官打电话:"24小时内,你们将同我一起去利比亚执行紧急公务,准确的起飞时间,到时通知。"

专机起飞的时间一再推迟，直到第二天早上，机长仍未见到穆巴拉克的影子。这期间，他带着孩子和妻子，在一个朋友家谈笑风生，还领着妻儿在小吃店吃了夜宵。当夜幕降临，家人都酣然入睡的时候，他才回到自己的房间，警惕地等待着随时会响起的电话铃。

穆巴拉克的"精彩演出"骗过了以迷惑战术擅长的以色列人：既然身为空军司令的穆巴拉克要出差执行公务，那么埃及肯定无法在空军司令不在的情况下发动大规模的军事行动。会议上，大家都认为阿拉伯人没有做好战争准备，也不敢主动进攻，第二天的赎罪日照常休息。

10月6日下午一点多钟，沉静的苏伊士运河上空，突然响起无数惊雷。240架埃及战斗机，风驰电掣般直扑对岸的以色列军队阵地，而大半的以色列官兵正在禁食与祷拜。犹太民族在赎罪日这一天不吃、不喝、不工作，都到教堂祈祷，赎回自己的罪恶。

就这样，埃及军队打得以色列军队措手不及。20分钟之内，以色列在西奈半岛90%以上的军事设施被埃及空军摧毁，而埃及空军仅损失5架战机。24小时激烈的战斗之后，埃及部队成功突破了运河东岸号称不可摧毁的以色列"巴列夫防线"。穆巴拉克用自己的智谋创造了奇迹，打破了以色列"不可战胜"的神话。

尽管十月战争的最后，以色列人终于化被动为主动，转败为胜，但埃及空军的出色表现足以让埃及人扬眉吐气，一雪前耻。战争结束后，穆巴拉克获得了"杰出英雄"称号，并深得萨达特总统的赏识，于1974年4月被破格晋升为埃及空军中将。

一年后，萨达特总统选中了"十月战争"的杰出将领穆巴拉克为埃及唯一的副总统。在一次去武装部队视察时萨达特说："我之所以选穆巴拉克为我的副手，不仅仅因为他是飞行员，是空军司令，是十月战争的指挥者之一。还因为穆巴拉克是我们祖国人民的灵魂的代表。穆巴拉克代表了10月6日战争之精神。正是这种精神，让我们在那一天，越过了一切不可逾越的障碍。"

临危受命的"救时"总统

"十月战争"结束后，埃及人民的贫困和国家经济困难，重新成为人们关注的焦点。萨达特意识到，国家的资源不能再用于战争，军事手段不能解决阿以冲突。为此，他通过美国政府向以色列表达寻求和平的愿望，并于1977年11月亲自前往耶路撒冷，与以色列总理贝京会晤。双方于次年9月签订了戴维营协议。

萨达特的惊人之举为他赢得了诺贝尔和平奖，却遭到很多埃及人及其他阿拉伯国

△ / 1981年10月6日，埃及开罗，埃及总统萨达特（右）与副总统穆巴拉克参加"十月战争"八周年阅兵典礼。就在这个仪式上，总统萨达特遇刺身亡

家的非议和反对，更招致了杀身之祸。

1981年10月6日，埃及在开罗胜利广场隆重举行庆祝第四次中东战争胜利8周年的阅兵式。那一天，气宇轩昂的萨达特身着崭新的元帅服，脚蹬高筒马靴，在副总统穆巴拉克和国防部长加扎勒的陪同下检阅部队。

当炮兵列队开始通过广场时，突然一名年轻军官从炮车上跳下来，飞快地奔向萨达特。萨达特以为他是来向总统致敬的，便站了起来，准备答礼。来者猛然扔出一颗手榴弹，检阅台上一片混乱。

身旁的穆巴拉克见势不妙，立即趴下，并呼喊萨达特卧倒，身边的人也用力推他。萨达特不以为然，他认为自己是总统，是武装部队最高司令，不相信自己是袭击目标。如果卧倒或躲开，有失身份和地位。他依然站立不动。

检阅台下另一名刺客对准了萨达特开枪，卫兵迅速还击，连射6发子弹却未能击中。45秒钟之后，萨达特多处受伤，摔倒在血泊中——检阅前，为了自己的光辉形象，他断然拒绝了穿防弹衣。

袭击检阅台的4名凶手于两天后被全部

搜捕归案,他们都是伊斯兰原教旨主义极端分子组织"新圣战"的成员。该组织企图通过暴力和恐怖手段推翻萨达特政权,建立伊斯兰国家,刺杀萨达特是预谋已久的计划。

国家失去了统帅,身为副总统的穆巴拉克被推上了政治舞台的中心。经埃及全民公决,穆巴拉克以98.63%的支持率当选总统,并兼任埃及武装部队最高统帅。在短短45分钟的总统就职演说中,穆巴拉克表示埃及会继续尊重和以色列签署的和平条约,他保证"不会承诺一些无法实现的事情,也不会暗藏真相不让人民知晓,更不会宽容贪污腐化及秩序混乱。"

毁誉参半的执政生涯

刚刚上任的总统穆巴拉克更像一个内向的技术官僚,而非政治人物。这位曾经受过严格训练的飞行员,讲究精准,为自己定下有条理的每日行事之道,和前总统萨达特帝王般的日常作息恰成强烈对比。穆巴拉克每天早早就来到设于开罗欧鲁巴宫的办公室工作,从不迟到早退,他还会亲自拆阅大量百姓的信件,白天的唯一休息,就是打一局壁球。

此时穆巴拉克处于内外交困的艰难处境。国内,是连年战争后的积弱积贫;对外,埃及在整个阿拉伯世界孤立无援。1979年埃以协议签订后,埃及被视为阿拉伯世界的叛徒,被开除出阿拉伯国家联盟组织,阿盟总部也从开罗搬迁到突尼斯。

很快,穆巴拉克就展示出他高超的统治手腕和外交技巧。在国内,穆巴拉克采取刚柔相济的手段。一方面,他对敌对分子实施

◀ / 1987年1月27日,埃及总统穆巴拉克与巴解组织领导人阿拉法特在参加伊斯兰国家首脑峰会时交谈

铁血政策,以追查行刺萨达特总统真凶案为例,他下令逮捕了2500人,但对大批政治犯则宽容处理。在经济方面,他奉行对外开放政策,主张采取"混合经济模式"。此外,他也普及教育,兴建为普通民众服务的房屋,惩治腐败等。埃及国内生产总值从他上台初的206亿埃镑(约合230亿人民币),到如今已突破4000亿埃镑(约合4479亿人民币)。金融危机爆发前3年埃及经济持续7%以上的增长率,外国投资纷至沓来。

不过,让穆巴拉克扬名世界的,还是他在外交领域的长袖善舞。他的务实主义作风,帮助埃及毫发无损地摆脱了周边地区的冲突。他数次调停阿拉伯、穆斯林国家与以色列之间的矛盾,缓和埃及与阿拉伯世界的关系,使埃及重回并主导这一联盟。在第一次海湾战争中,他加入对抗萨达姆·侯赛因的联盟,博得了美国的好感,老布什大方地豁免了埃及300亿美元的债务。

尽管穆巴拉克统治下的埃及取得了一定的发展,但在保持宗教传统和实现开放和现代化的问题上,在社会主义道路和私有化市场经济的问题上,穆巴拉克政府在政策上长期徘徊,积累了深刻的社会矛盾。

4次中东战争之后,埃及背上了沉重的外债。穆巴拉克为了稳定社会经济生活和弥补国家资金短缺,一直采用举借外债的手段来保证国内社会经济生活的正常运转。多年来深深陷入借新账、还旧账、债务越来越多的窘境之中。

国有企业的改革一直是困扰穆巴拉克政府的难题。埃及国有企业大多机构臃肿,效益较差。近年来,埃及开始了国有企业私有化的进程。但大部分公共领域的公司股份,都被出售给军队、执政党高层和富裕阶层,形成了新的垄断,工人权益和国家财产的安全被丢置一边。

今天的埃及,物价飞涨,失业增加,贫富差距日益拉大,有限的经济增长没有带来人民生活的改善。腐败问题更是让民众怨声载道。据英国《卫报》报道称,仅穆巴拉克家族的财产就可能高达435亿英镑。埃及五名前政府高官聚敛财产成为亿万富翁,当中最有钱的执政党秘书埃兹,资产达300亿美元。但与此同时,埃及还有数百万人生活在贫困和失业中,40%的埃及人每天生活消费不足2美元。

穆巴拉克一直将国家的稳定视为执政的第一要务。他经常被外界描绘为典型的阿拉伯独裁领袖。穆巴拉克上任初期,为遏制国内的武装运动,颁布紧急状态法,使政府可以不宣布理由地对平民进行无限期监禁,严格限制非政府组织和政治组织的活动。紧急状态法仅在20世纪80年代撤销了18个月。随着萨达特总统被刺杀,政府又重施该法,一直延续至今,成为反对派和示威者的攻击对象。

尽管与1952年革命以来任何时期相比，现在的埃及人民无疑有更多的政治自由和新闻自由；尽管允许埃及再度出现反对党的人；尽管他在职期间两次建议修改宪法，但都无法改变他"领导终身制"的事实。

穆巴拉克有两个儿子，大儿子阿莱是个实业家，小儿子贾迈勒原来从事银行业，后开始从政。2000年贾迈勒正式进入执政党民族民主党高层。2002年9月17日，在执政党第八次全国代表大会上，39岁的贾迈勒被穆巴拉克任命为由5人组成的书记处书记，成为党内的第三号人物。近年来，贾迈勒即将子承父业的消息甚嚣尘上，激起了民众的强烈不满。此次穆巴拉克宣布辞职之前，贾迈勒还数次改写了父亲的讲话稿。

如果时间能够停留在冷战时代，穆巴拉克仍然不失为一位伟大的统治者。他是中东和平的推动者，也是阿拉伯世界的领袖。可惜的是时代变了。埃及的民众不再愿意以自身的福利，换取国家对外的荣誉，不愿意牺牲自由而成全稳定，人们关注家里的钱袋甚过遥远的巴勒斯坦和平。

遭暗杀多次死里逃生

从上台一开始，刺杀萨达特的极端组织就扬言要把穆巴拉克变为第二个萨达特。在后来漫长的总统生涯中，穆巴拉克至少遭到过十次暗杀，但每次都能化险为夷。

最惊险的一次暗杀发生在1995年6月26日。当时，穆巴拉克在埃塞俄比亚首都亚的斯亚贝巴参加非洲统一组织首脑会议，其车队突然遭到围攻。一群袭击者用自动步枪向穆巴拉克开火。在枪林弹雨中，穆巴拉克的坐车被击中10弹，总统本人却毫发无损，车子很快掉头驶离危险区。

萨达特的遇刺，包括穆巴拉克早期遇到的刺杀，主要是源于埃及推行与以色列缓和、与西方亲近的政策，激起了伊斯兰传统势力的不满。然而，到了穆巴拉克执政后期，反政府的主要矛盾不再是宗教和民族问题，而是社会和民生问题。长期的军人统治和粗暴作风，加上经济发展的滞后和失业率的高企，让人们怀疑曾经的埃及军事英雄能否在今天的时代，把国家引向正确的道路。

这种变化从1999年的一次刺杀就可以看出来。当时，穆巴拉克在北部城市赛得港接见群众时，被一名叫赛义德·哈桑·苏莱曼的人拿小刀刺伤。经查，苏莱曼没有任何政治背景，只是一个卖衣服的中年小贩。

回首穆巴拉克几十年的丰功伟绩和黯然落幕，结局也许在几十年前就已注定。

（《文史参考》2011年5期）

怪侠卡扎菲与他的利比亚"理想国"

文 | 刘火雄

"我是一块撞碎美国军舰的岩石,我永远不会离开利比亚的土地,直到战斗到最后一滴血,就像个烈士"。肇端于突尼斯的革命风暴,掠过埃及,在利比亚激起阵阵血雨,与突尼斯总统本·阿里离国逃亡、埃及总统穆巴拉克黯然交权不同,利比亚最高领导者卡扎菲面对多米诺骨牌效应引发的骚乱,在2011年2月下旬的电视讲话中挥动拳头宣称:决不会辞职,将对示威者"挨家挨户,一条街道一条街道地清除"。

2011年10月20日利比亚全国过渡委员会武装在苏尔特俘获卡扎菲,卡扎菲遭到连环枪击身亡。

卡扎菲时代,利比亚的政体颇为特殊,没有宪法,不设部委,按卡扎菲的话说,一切权力归于人民。因拒绝晋升为将军,卡扎菲始终是一位既非总统、也非国王的"上校",他自称"人民兄长、革命导师"。

列强的"练兵场"

利比亚这片土地最早的主人为柏柏尔人,因位居北非、濒临地中海,这里历来是兵家必争之地,帝国列强你方唱罢我登场。

△ / 1975 年 8 月 4 日,一脸英气的卡扎菲在乌干达坎帕拉参加非洲统一组织峰会

公元前7世纪,迦太基人占领此地。在反抗迦太基统治的斗争中,利比亚一度于公元前201年成立统一的努米底亚王国,当时东方的中国正值西汉开国。此后,罗马人通过三次布匿战争,消灭了迦太基,利比亚转而臣服于罗马的铁蹄。7世纪,阿拉伯人征服利比亚,传入伊斯兰教。好不容易相对安

定,16世纪中叶,利比亚再次易主,成为奥斯曼帝国的行省。近代以来,利比亚命运同样坎坷不平。1912年,意大利打败奥斯曼帝国,利比亚从此沦为意大利殖民地。"二战"期间,意大利墨索里尼政权覆亡,利比亚被英法占领,直到1951年12月24日才宣告独立,由三个具有自治性质的省组成联合王国,即西北部的黎波里塔尼亚、东部的昔兰尼卡以及西南地区费赞。

利比亚建国后,61岁的昔兰尼卡酋长伊德里斯受西方扶持,出任利比亚国王。伊德里斯一世既可选择自己的继承人,又可随意任命或裁撤内阁总理,他不但没能消除派系之间的争权夺利,还禁止组织政党,取消报刊言论自由。在很多人看来,当局提供军事基地换取西方经济援助的方针更是"丧权辱国",南部石油产业同样受西方控制。

20世纪60年代,利比亚石油所得的收益大多流入官僚阶层。国王年事已高,因病无法理事,王室国戚陷于争权夺利的混乱局面。1967年,以色列发动第三次中东战争,阿拉伯国家联合抵制对英、美等国的石油供应。作为阿拉伯世界的一部分,利比亚民众袭击了英国和美国驻利比亚大使馆,许多犹太人不得不逃亡意大利等国避难。内忧外困下,利比亚新的变局暗潮涌动,终于在1969年引爆军事政变,领导者正是年轻军官卡扎菲。

九一革命开启卡扎菲时代

卡扎菲来自利比亚海滨中部城市苏尔特附近一个牧民家庭,其父在抗击意大利殖民统治的战争中失去了一只眼睛。伴随着故乡的沙漠和帐篷,卡扎菲放羊、种麦,学习《古兰经》,度过了童年时光,其后辗转苏尔特、首都的黎波里等地求学。因为交不起住宿费,他一度只能住在清真寺里,为此常受到同学们的嘲笑,说他是乡巴佬。他暗下决心,一定要闯出一条血路来。

伊德里斯一世王朝建立第二年,利比亚东部邻国埃及发生了革命运动。自由军官组织领导人纳赛尔推翻王朝统治,建立共和国。在纳赛尔名著《革命哲学》感召下,卡扎菲认定"革命是唯一出路",于是考入利比亚第二大城市班加西军事学院。卡扎菲效仿纳赛尔,联合中下级军官,组建了"自由军官组织",他要求成员不喝酒、不抽烟,不赌博、不近女色,按时祈祷,努力学习,积蓄革命力量。

1969年初,"自由军官组织"决定发动军事政变,已升任上尉的卡扎菲把行动日期定为当年3月21日。不巧的是,埃及著名女歌唱家乌姆·库尔舒姆将于同一天在班加西举办个人演唱会,为巴勒斯坦革命组织法塔赫募捐。为了不影响巴勒斯坦兄弟的革命事业,卡扎菲决定延期举事。

8月初，伊德里斯一世外出希腊疗养时，将大臣和议员们召集到度假地雅典，突然宣布退位。政府军总参谋长谢里兄弟领导的宫廷集团准备在9月初接管权力。消息传来，利比亚局势更为动荡。

已推迟政变的卡扎菲见状决定先发制人。"告诉纳赛尔总统，我们将这场革命献给他。"9月1日凌晨2时30分，卡扎菲行动了。

在班加西，卡扎菲亲自出马，带队前去占领电台。行至半道，卡扎菲突然发现路上只剩下自己一个光杆司令，原来后面的车辆在岔路口转弯时跟丢了，以致"革命"队伍绕城一周，竟没有找到电台，只好无功而返。在首都的黎波里，卡扎菲指派助手米海什接管军营。米海什下飞机后拦了一辆出租车赶赴军营，却把武器和子弹丢在了车上。城外负责接管防空部队的战友，指挥着600名士兵，到行动时才发现只有1050发子弹可供使用。

好在整个政变只在突袭班加西国王卫队时双方发生了短暂交火，随即卫队司令及军政要员均被拘捕。卡扎菲后来对《现代非洲》杂志的记者说，政变时他们虽然掌握了一些英式坦克，但没有弹药。"我在那天早上驾驶着一辆空坦克来到班加西大街，在警察部队营房门前驶过，炮口对准营房，炮膛里空空如也。国王的士兵一看到坦克马上就投降，只要求不要开火，给他们一条生路。"

清晨6时，的黎波里广播电台开始播放军乐曲，6时30分，卡扎菲在班加西广播电台发布了震惊世界的第一号公报：腐朽的伊德里斯王朝寿终正寝，崭新的阿拉伯利比亚共和国取而代之——由于事前谁都没有想到要准备公报，卡扎菲临时取来一张纸，仓促写了个提纲，其他内容便即席发挥了。

据中国前驻也门、叙利亚大使时延春记载，留守国内的王储兼首相哈桑·里达王子听到枪声，从宫中逃出，藏到游泳池里，同样于次日被抓，他随即表示效忠新政权，利比亚从此进入"卡扎菲时代"。这一年，卡扎菲年仅27岁。

培植"锦衣卫"镇压反对派

政变成功后，革命阵营分裂为两派。卡扎菲一派主张利比亚革命的首要目标是实现阿拉伯的统一，另一派以艾哈迈德·穆萨等为代表，他们强调利比亚应先实现现代化和建立民主制度，并表示军队可以不服从政府。这些观点与卡扎菲截然对立。

1969年12月12日，卡扎菲宣布艾哈迈德·穆萨策划的叛乱阴谋被粉碎。据称，穆萨计划摆鸿门宴，宴请一些支持卡扎菲的军官，趁机除掉他们，剪除卡扎菲羽翼，然后占领广播电台，释放在押罪犯，成立新政府。虽然对这起阴谋的指控并没有足够证据，卡扎菲这一招"杀鸡儆猴"的手段，一举在政治上扫清了道路，也统一了思想。

利比亚政体不同于世界其他国家，这里没有宪法，人手一册都是卡扎菲撰写的《绿皮书》，各级政府被取消，代之以"人民大会"和"人民委员会"，各级首脑都称为"秘书"，卡扎菲要把利比亚打造为"大阿拉伯利比亚人民社会主义民众国"。正如《绿皮书》所描绘的，利比亚既不是资本主义，也不是共产主义，而是介于两者之间的"伊斯兰社会主义"，这是"一个由人民治理而没有政府机构的国家"。但为了巩固统治，卡扎菲掌权不久即成立了只听令于他的革命委员会。

革命委员会是卡扎菲的"锦衣卫"，他们可以根据需要随意逮捕、处决违反"革命法律"的人。卡扎菲还在社会各阶层广布"民兵团"，实际上就是探子，他们把各种对卡扎菲不满的信息上报。因为自己是兵变上台的，因此，卡扎菲对部队并不信任，逐渐削弱部队实力，另一方面卡扎菲则从索马里等地招募雇佣军，对不满者实施"革命"。卡扎菲甚至派暗杀小组，到国外追杀被放逐的政治对手，他之所以能够主政利比亚40多年，与其铁腕手段不无关系。

执政初期，卡扎菲提出要改革行政，提高效率，但各部门反应冷淡。卡扎菲断定这是官僚主义作风在作怪，他发现机关工作人员上班时常坐在办公室看报纸、喝咖啡，

△ / 从眼神里，你能读出杀气吗？

于是命令士兵把卡车开到政府机关大楼前，不容分说把办公室的椅子都装车拉走。利比亚首都的黎波里的"公务员"一度只好站着办公。

面积约176万平方公里的利比亚，境内分布着上百个部落。为便于统治，卡扎菲往往在"人民大会"和"人民委员会"中任命很多首领，并且经常替换新的首领代表，使之互相争权夺利，结果谁都认卡扎菲这个当家的。虽是利比亚实际掌权者，卡扎菲却不出任总统一职，宣称自己不过是"人民兄长、

革命导师"。在国际会议上,有人曾称他为"总统",卡扎菲立即打断对方的话说:"我不是总统。如果我是总统,我就不得不面对4年一次的选举……"利比亚动乱发生后,对于要求他下台的言论,卡扎菲据理力争:"我没有任何职务,辞什么职!"

刚开始,卡扎菲对民生颇为关注。利比亚石油资源探明储量超过400亿桶,潜在储量超过1000亿桶,居非洲第一。卡扎菲掌权以来,以石油产业为经济支柱,依靠每年数百亿美元的财富,经过十几年积累,600多万人口的利比亚,人均国民收入突破1万美元,一跃成为非洲首富,国民享受免费医疗和教育。

利比亚广为流传着这样一则故事。的黎波里市郊盖了一批公寓楼房后,有待分配,结果被附近许多居民抢占入住了。当地主管部门没有办法,只好向上级反映。卡扎菲知道此事后,对这些居民说:"利比亚是民众国,人民当家做主,你们就是这个国家的主人,盖这些楼房就是给你们住的,大可放心继续住下去!"话音刚落,掌声爆发,众人振臂高呼"卡扎菲万岁!""九一革命万岁!"

美方赔了夫人又折兵

不屑与西方阵营为伍的卡扎菲,毕生只崇拜两人,一位是先知穆罕默德,一位便是埃及总统纳赛尔。为此,在利比亚外政上,卡扎菲亦追随埃及对抗以色列和美国。1970年1月,纳赛尔告诉卡扎菲,阿拉伯国家和以色列在重要武器对比上差距明显。卡扎菲却表示:"没什么值得害怕的,以色列只有300万人,我们有1亿人口,应该立即发动全面战争,消灭以色列。"纳赛尔提醒说如果以色列走投无路的话,会毫不犹豫向阿拉伯人扔原子弹。"我们有原子弹吗?"卡扎菲问,"没有",纳赛尔颇为无奈。

卡扎菲随即指派革命兄弟、利比亚二号人物贾卢德少校去了中国,准备从中国购买一颗原子弹,交给埃及以威慑以色列。中国总理周恩来告诉来者,中国研制原子弹是为打破超级大国的核垄断和核讹诈,而不是用来出售,贾卢德空手而归,卡扎菲拟购买原子弹干掉以色列的计划随之流产。

1973年2月21日,一架前往埃及首都开罗的利比亚客机莫名其妙地飞到以色列占领下的西奈半岛,结果被以军击落,机上108名乘客遇难。此事再次激起卡扎菲对以色列的报复。卡扎菲向新任埃及总统萨达特请求,允许利比亚战机经埃及领空轰炸以色列海法港作为报复,遭到拒绝后卡扎菲很是不满。

当年5月,以色列准备庆祝建国25周年,欧美不少犹太富翁租下英国豪华邮轮"伊丽莎白二世"号前往助兴。得到消息后,卡扎菲连忙召见停泊的黎波里港的一艘埃及潜艇艇长,"我以阿拉伯民族主义者和利比亚武装力量总司令的名义和你讲话,你能辨别出航行在地中海上的'伊丽莎白二世'号邮轮吗?"得到肯定回答后,卡扎菲又问:"你能否用两枚鱼雷瞄准它,把它打沉?"艇长表示没问题,但需要行动命令。"好,我这就给你下命令。假如你要书面的命令,我就写给你。"卡扎菲告知艇长。

埃及艇长就此事向埃及方面做了汇报。萨达特得知后指示潜艇立刻返回。他说:"卡扎菲想陷害我们,他企图在海上无端攻击非武装民船,这可能引起复杂的国际纠纷。"事后,埃及方面以"潜艇未能发现'伊'号邮轮"为托词,打发了卡扎菲。

在反对以色列方面,利比亚历来是巴勒斯坦解放组织的盟友,曾资助巴勒斯坦"黑九月运动"。20世纪70年代,该组织因杀害参加德国慕尼黑奥运会的以色列运动员而臭名昭著。卡扎菲认为巴以地区不可能建立两个国家,这就如同两只脚穿一只鞋子。肯定要冲突。在他看来,以色列必须销毁大规模杀伤性武器,在联合国监督下,巴勒斯坦人和犹太人进行自由选举,建立一个"以色列—巴勒斯坦国",耶路撒冷对伊斯兰教、犹太教和基督教开放。

对于以色列的盟友美国,卡扎菲也不手软。卡扎菲向来是阿拉伯世界反美的一面旗帜,里根总统称其为"中东疯狗"。他不但收回美国在利比亚的惠勒斯空军基地,还驱逐了6000多名美国军事人员。这意味着美国失去了在非洲最大的桥头堡——一个直接监视苏联在黑海和地中海军事动向的前哨阵地。卡扎菲成了美国的眼中钉,必欲除之而后快。

1970年利比亚"九一革命"一周年庆典上,美国中情局派出美女杀手莎菲娥伪装成护士,准备刺杀卡扎菲。当她见到卡扎菲时,两人四目相对,莎菲娥居然被对方的眼神俘获。她忘记了刺杀的使命,一周后还与卡扎菲闪婚,成为其第二任妻子,美方赔了夫人又折兵。此后几十年,利比亚与美国和以色列基本处于对抗状态。

"向开罗进军"谋求阿拉伯世界统一

"普鲁士统一了德意志,皮埃蒙特统一了意大利,利比亚这个小小的民众国也将扮演这样的角色,统一整个阿拉伯民族。"卡扎菲深受纳赛尔泛阿拉伯主义影响,热衷其世界大同的理想图景——打造一个从波斯湾横亘到大西洋、统一的阿拉伯国家。卡扎菲坚信利比亚和埃及可以把资源、土地、人民和经济合并起来,经过10年左右的整合,形成掌控亚非大陆桥咽喉的强国,这个国家将承担统一整个阿拉伯世界和"把以色列赶进地中海"的历史使命。

几乎每次碰到萨达特,卡扎菲都要兜售其"利埃合并方案",萨达特则打起了"太极",他告诉卡扎菲,"我们不能操之过急,应该先成立一些合并机构,研究未来新国家的国体问题"。合并运动搞得磕磕绊绊,报复以色列又被"萨达特兄弟破坏了",卡扎菲越想越心灰意冷。1973年6月22日,卡扎菲宣布辞职,带着家眷飞往开罗"隐居"。这可把利比亚的革命兄弟们急坏了。为使卡扎菲回心转意,利比亚革命委员会领导者组织了4万利比亚民众,决定"向开罗进军",准备强行同埃及"联姻"。

队伍从的黎波里出发,冒着沙漠酷暑,一路上挥舞旗帜,高呼口号,浩浩荡荡徒步向开罗开进,行至两国边界处,他们捣毁了海关大楼的设备,美其名曰"拆除两国人为边界的象征性行动"。冲开利埃边境哨卡的人越聚越多,埃及总统萨达特见状不妙,不得不给卡扎菲打招呼,在萨达特保证1973年底实现合并后,卡扎菲下令停止进军,随即回国。

当年10月,埃及、叙利亚突袭以色列,第4次中东战争爆发。以色列一度失利,但依靠美国的援助,最终兵临开罗。卡扎菲给萨达特打电话,希望他迁都利比亚城市继续抗战。萨达特却决心与对手妥协,并于4年后造访以色列。

卡扎菲大骂萨达特:"我们同你们一样筋疲力尽,但我们什么也没得到,最终你们却忘恩负义,成为美国的朋友,承认了以色列。"利比亚人随即发起第二次"向开罗进军"行动,要求"真正的埃及爱国者"站出来,和他们一起反对"屈膝投降的萨达特集团"。他们在利埃边界被埃及士兵用棍棒驱散,随后引发持续4天的军事冲突,利埃从此交恶。

与埃及合并未果,利比亚又先后于与苏丹、突尼斯、阿尔及利亚和摩洛哥等阿拉伯国家签订过"统一"、"联盟"协议,最终只开花不结果。受卡扎菲阿拉伯大一统思想指导,因干预乍得内战,利比亚甚至被拖入长达7年的战争深渊。

沦为恐怖主义

1980年2月,乍得政府主席古库尼与国防部长哈布雷两派爆发武装冲突。古库尼向利比亚求援。利比亚于12月派出1.5万名军队参战,将哈布雷的部队赶到靠近苏丹东部边境的地区。此后几年,随着法国、美国等势力的介入,哈布雷卷土重来,与利比亚军队展开拉锯战,互有攻防。1986年,古库尼势力瓦解并倒戈,卡扎菲恼羞成怒,亲自率1万大军发动进攻,乍得内战逐步演变为利乍两国交战。

当年2月,志在统一全国的哈布雷把部

队推进到法亚—拉若绿洲附近，逼临利乍边境。此时哈布雷的部队装备了日产丰田越野车，车上还配备有米兰导弹等先进武器，非常适合沙漠机动作战。卡扎菲连忙在前线部署约1.5万兵力，为夺取主动权，他决定夺取乍得首都恩贾梅纳北部门户法绍达，派出两个装甲旅向南包抄潜行。

3月19日，利方第1个旅仅推进约50公里就被乍军截住，全旅384人战死，47人被俘。一天后，另一旅又被乍军丰田突击队打垮，467人被歼。得到消息，利军慌不择路向后方撤退，不想闯入自己事先铺设的地雷阵，在乍军的追击中，又有1296名利军阵亡。为了彻底粉碎卡扎菲的战斗意志，哈布雷集结2000士兵，于9月5日晚，乘坐丰田车和骆驼越过边界，深入利比亚腹地110公里，突袭了比什拉基地，击杀利军1713人，基地内26架战机和70辆坦克被毁。

受此重创，卡扎菲不久同意停火。绵延7年的战争，使得利比亚损失5000名士兵，占国内总兵力的1/10，大伤元气。利比

亚军官团为此遭到集体贬官，卡扎菲撤销了国内所有上校以上的军衔。

近年来，卡扎菲继续引领利比亚宣扬泛非主义思想，呼吁建立"非洲合众国"。他不时语出惊人："非洲国家单凭各自的军队无法有效保家卫国，我们必须建立一支拥有100万士兵的军队"，这支联合部队应该"负责保护非洲陆上与海上疆界，维护非洲的独立，与北约、法国和英国等抗衡"。

由于卡扎菲的言行已对美国的中东战略构成严重威胁，为了从肉体上消灭卡扎菲，美国接连部署了一系列刺杀计划，尤以"黄金峡谷"行动为最。

1986年4月15日凌晨2时，美国百余架战机飞抵的黎波里上空，另一部飞往利比亚第二大城市班加西。随之而来的爆炸声惊醒了整座城市，在美军超低空轰炸中，利比亚至少40人因此丧生，另损失了14架飞机和5座雷达站。美军轰炸前，卡扎菲正在的黎波里阿齐齐亚兵营一座帐篷里举行会议。散会后，他为了能睡个好觉，没有回到经常下榻的帐篷和官邸，而是走进了另一个帐篷，最终在"真主的保佑下"逃过一劫，

/ 2009年7月10日，意大利，卡扎菲参加G8峰会，他打扮得像个国王，也像个时装大师

但他只有15个月大的养女被炸身亡。卡扎菲另一女儿阿伊莎当时只有9岁,亲眼目睹了妹妹的惨死,事后她面对媒体镜头愤怒挥舞小拳头的画面,被电视台反复播放。

刺杀未遂事件发生后,卡扎菲加强了安保,动辄两队武装护送车向相反方向开出,两架飞机一齐起飞,他乘坐的飞机在其登机前两个小时还不知道是否会起飞。就在大家猜测卡扎菲如何报复的时候,他却毫无动静。直到两年后,泛美航空公司一架波音747客机在苏格兰洛克比镇上空爆炸,270人丧生,其中多为美国人。英美认定卡扎菲是幕后黑手,利比亚为此被扣上"恐怖主义"、"流氓国家"的帽子,不久遭联合国长达11年的全面制裁。

讲究清规戒律的奢华生活

因局势动荡,卡扎菲一座位于班加西城北部的避暑行宫被媒体曝光。该行宫拥有40个房间,一个游泳池、一个篮球场和一座风景宜人的花园。行宫地下还有核掩体,掩体装着一扇9英寸厚的防爆门,通过一条加固的隧道后,里面是多间卧室及安装了各种生活设施的大洞穴。此外,洞穴中还配置有发电机,空气过滤系统等。

奢侈的卡扎菲,却一直钟爱睡帐篷,还青睐骑骆驼而不爱坐高级轿车。据说卡扎菲对高层楼房有恐惧症,一次最高只能上35级台阶,难怪他从不下榻高层酒店,无论到哪都带着帐篷。他的帐篷里,彩电、冰箱、电脑、现代化办公设备以及组合音响、沙发、地毯,一应俱全。卡扎菲的帐篷一般都掩映在树荫中,外表呈现橄榄色或淡褐色,有时帐篷外还拴上两头骆驼,以便让卡扎菲听到叫声,慰藉其思乡之情。因热衷文学创作,据说每当忧伤的时候,他就独自一人到沙漠帐篷里静思,聆听真主的指点。

即便出访,如果条件允许,卡扎菲也会命随从为他带上帐篷,并把几头母骆驼带上专机,以便挤新鲜的骆驼奶供其饮用,早餐他常以面包和驼奶打发,午餐多为烤牛肉或烧牛排。

或许是因为在沙漠中长大,卡扎菲对绿色有着特殊的感情。利比亚的国旗是绿的,首都的中心广场也被称为绿色广场,他常穿着样式各异的阿拉伯长袍出现在公众面前,衣服上印有绿色非洲版图图案。卡扎菲还创作了利比亚人手一册的《绿皮书》。他在书中主要阐述了所谓的"第三世界理论"——他所要建立的国家既不属于资本主义,也不是共产主义,而是介于两者之间的"伊斯兰社会主义",反对一切剥削,提倡人人平等,妇女解放。此外,卡扎菲还先后发表了多部短篇小说集,如《苦难人之国万岁》《革命故事》等,中文版《卡扎菲小说选》已出版多年。

作为真主"安拉"的忠实信徒，卡扎菲以《古兰经》作为一切行动的指南。为维护伊斯兰教的纯洁性，卡扎菲上台后在利比亚提出了"文化革命"的口号。他一声令下，位于首都的罗马天主教堂被改成了清真寺，十字架被换成象征伊斯兰教的新月和星星。利比亚关闭了所有的夜总会，像根绝鸦片一般禁止了一切含酒精的饮料；所有以西方文字书写的招牌、路标，一律改用阿拉伯文书写；海关禁止外国书籍、画册、报纸甚至外文字典入境，以防止利比亚人民在精神上受到污染；大学生把大批西洋乐器清抄出家门，在的黎波里市中心绿色广场"付之一炬"，他们弹奏起阿拉伯民族乐器，载歌载舞。

1970年，卡扎菲访问埃及，总统纳赛尔为他举行晚宴，主菜是地中海大虾。卡扎菲问，这是什么？是蝗虫吗？当他得知为类似鱼的海洋大虾时，他表示自己不能吃这道菜。他认为按照伊斯兰教规，在屠宰生物时，必须要口诵"真主至上"，否则决不能吃。

令各国头疼的外交奇葩

纳赛尔在任时，卡扎菲不时"打飞的"到埃及与之探讨阿拉伯世界联盟等问题。一次，卡扎菲心血来潮，突然决定去埃及，不巧负责安保的卫队正在沙漠里训练，卡扎菲便亲自驾驶直升机一个人去了开罗，事先也不给埃及方面打声招呼。直到飞机在开罗上空盘旋，纳赛尔才知道是卡扎菲来了。类似的事件发生多了，纳赛尔忍不住发火说："难道他不能在来到之前半小时告诉我一下吗？哪怕一次也行。"

1978年春天的一个深夜，苏联国土防空军的雷达屏幕上突然出现一个庞大黑影，几经联系，"不明飞行物"毫无反应。苏联两架歼击机紧急起飞拦截，飞行员得到命令："坚决消灭入侵者！"执行任务的科列斯尼科夫大校为保险起见，决定先抵近"入侵者"。

在确认"不明飞行物"为利比亚客机后，苏联方面通过利比亚驻莫斯科使节获悉，机上乘坐的正是卡扎菲，他宣称要去莫斯科紧急会见勃列日涅夫。

一小时后，飞机降落。舱门打开后，只听两声大喊"卡扎菲主席到了"，"勃列日涅夫兄弟来了没有"？苏联翻译上前回话，勃列日涅夫安排卡扎菲主席先去国宾馆，明天再会见。

话音刚落，卡扎菲专机舱门"砰"的一声关上。其后两个小时里，苏联前来迎接的官员冻得瑟瑟发抖，机舱里却没有任何动静，期间只有几名利比亚驻苏使节忙不迭地把成箱矿泉水装上飞机。这种产自斯大林老家的矿泉水据说能治疗多种慢性病，很受阿拉伯领导人追捧。就在大家不知所措之时，卡扎菲专机突然启动引擎，呼啸而去，留下苏方官员面面相觑。

1988年在阿尔及利亚举行的阿盟首脑会议上,卡扎菲右手戴了一只白手套,宣称这是为了与"美国走狗"握手时不至于弄脏了自己的手。

卡扎菲出国访问讲究排场。2000年7月上旬,第36届非洲统一组织首脑会议在多哥首都洛美召开,卡扎菲率领由300辆汽车组成的车队,浩浩荡荡穿过撒哈拉沙漠前往出席。卡扎菲想通过此举宣传建立"非洲联盟"的倡议,并用事实向人们证明,他修建穿越撒哈拉大沙漠高速公路的提议是可行的。

2004年,卡扎菲在他的帐篷中会见了来访的英国首相布莱尔。两人席地而坐,卡扎菲在众目睽睽之下将光着的脚伸到布莱尔

卡扎菲的女保镖身上不带任何首饰,只在胸前别一枚卡扎菲像章,宣称"永远崇拜卡扎菲"

面前,然后放了一个响屁,布莱尔尴尬不已。

2007年12月,应法国总统萨科齐之邀,卡扎菲带领400人"杀"入巴黎,随行的40名女保镖最引人注目。

利比亚革命成功后,卡扎菲自觉担负起"拯救阿拉伯女性"的使命,给予她们受教育、工作的平等权利,他的保镖清一色都是"花木兰"。卡扎菲的女保镖来自不同的阿拉伯国家,包括利比亚、突尼斯、黎巴嫩、叙利亚等,一般都在的黎波里的女子军事学院上过学,个个守身如玉,有的还获得了硕士学位。她们身上不带任何首饰,只在胸前别一枚卡扎菲像章,宣称"永远崇拜卡扎菲"。

每当卡扎菲出行时,这些女保镖便分乘军车护驾,一旦卡扎菲落座,其中4名卫兵站立在他的两边,杏眼圆睁,担负警戒。这成了卡扎菲出访时一道靓丽的风景。绯闻不断的意大利总理贝卢斯科尼在迎接来访的卡扎菲时,就曾对其身边的女保镖"驻足良久"。

2009年,卡扎菲抵达纽约出席联合国大会,曾希望在纽约中央公园搭建帐篷过夜,因遭到居民强烈抗议而作罢。在联合国大会发表演说时,他大骂安理会是"恐怖理事会",成立以来从未阻止或干预"65场战争",一度把《联合国宪章》摔向地面。虽然规定发言时间只有15分钟,卡扎菲的演讲却长达96分钟,冗长的演说甚至让口译员感到崩溃。

步入21世纪以来,利比亚对美英等国

方针由"拔刀"逐步转为"收剑",同意为洛克比空难事件中270名受害者家属支付赔偿,总额共27亿美元。卡扎菲还先后访问了法国、意大利。西方垂涎于利比亚的石油,利比亚需要西方的技术,双方一拍即合。

美国"9·11"事件发生后,卡扎菲对美态度发生了180度转变。他成了第一个要求缉拿本·拉登并向美国表示哀悼的阿拉伯领导人,甚至号召利比亚民众为美国捐血。美国其后不但与利比亚恢复建交,美国前国务卿赖斯还造访利比亚,卡扎菲特意赠送给她钻戒一枚。《波士顿环球报》评论道:这不只是钻戒,是聪明的卡扎菲伸向布什总统的橄榄枝,卡扎菲善变,就像转身一样容易。

然而,利比亚在他长年的任性统治下,已经很难转身。联合国的制裁使利比亚蒙受了400多亿美元的经济损失。因长期反对私有化,利比亚难以为百余万青年劳动力提供足够的工作,失业率近30%,以致北非革命风潮席卷而来,利比亚反对卡扎菲统治的行动如火燎原,迅速蔓延。

由来已久的东西部矛盾,同样火上浇油。利比亚全国600多万人口中,1/3分布于东部,2/3位于西部,扮演国家经济命脉角色的石油却2/3位于东部,1/3位于西部。出身西部的卡扎菲把许多资源投给了黎波里,而不管东部的班加西,导致矛盾愈来愈深。动乱的源头正是出自班加西。

卡扎菲梦想着把利比亚带入具有乌托邦色彩的理想国,结果陷入遍地烽烟之困局,终致死于非命。

(《文史参考》2011年5期)

▲ / 1944年8月，丘吉尔（前排中）与铁托（前排右）在那不勒斯见面，商讨如何一致对付希特勒

既不要西方，也不要东方
铁托与他的南斯拉夫

文 | 文亭

20世纪80年代初，中国引进了一批南斯拉夫电影，其中最著名的要数《瓦尔特保卫萨拉热窝》，这部经典战争片给中国人留下了深刻的印象，影片男主角瓦尔特的原型便是南斯拉夫领导人铁托。

从某种意义上讲，铁托就是南斯拉夫。他出生时还没有南斯拉夫，50岁时建立了南斯拉夫境内第一个解放区，当他100周年诞辰时，南斯拉夫社会主义联邦共和国解体。

绕不开的问题："铁托是谁？"

为铁托作传有两个问题绕不开。第一，铁托是哪国人？铁托生于1892年的克罗地亚地区，当时既没有南斯拉夫，也没有克罗地亚。自从奥斯曼帝国崛起以来，巴尔干地区便在土耳其人的统治下。19世纪中后期，随着奥斯曼帝国的缓慢衰落，亚得里亚海东岸的克罗地亚、斯洛文尼亚逐渐成为奥匈帝国的附庸。1878年，塞尔维亚和黑山独立，相继成立王国，克罗地亚人和斯洛文尼亚人也想摆脱奥匈帝国的控制，获得民族独立。因此，从政治上讲铁托是奥匈帝国的子民，从出生地看他是克罗地亚人。

他从小在外祖父家长大，说的是斯洛文尼亚语。上小学时，当地学校使用克罗地亚语教学，这使他感到很不适应，直到掌握了克罗地亚语，才能正常和同学交流。

1913年，作为一名帝国子民，铁托在奥匈帝国军队中服役，不久就赶上了第一次世界大战。铁托在1915年的喀尔巴阡战役中负伤被俘，之后5年在俄国度过。5年间，他经历了二月革命、十月革命，参加过红色国际纵队，还曾与高尔察克军队作战。1920

/ 1945年4月，莫斯科交给铁托（左三）大量先进的武器装备，双方的友谊达到了顶峰

年，铁托带着他的俄国妻子回到家乡，很长一段时间铁托被看成是一个苏联共产党人。

第二个问题：铁托是谁？铁托原名叫"约瑟夫·布罗兹"。当时，共产国际有规定，地下工作者一律不用真名，即使假名也要经常改换。约瑟夫的第一个化名是扎果拉克，之后他叫罗迪，不久发现已有另一位同志叫罗迪，他便又改名叫铁托。其实在铁托之后，他还用过很多假名。

二战期间，德国人也不知道"铁托"到底是谁，只认为是"布尔什维克的代理人"，直到1943年底，铁托自己公开了身份，德国人才弄清楚他是谁。德国人故意捏造说："铁托是个秘密的国际恐怖组织"，而在南斯拉夫人民中传说，"铁托实际上是一个领导集团的化名"。

1944年底，美国名记者苏兹贝格写道："关于铁托这个人有不少说法，许多南斯拉夫人认为可靠的一种说法是迄今有过三个铁托。一个战死之后，另一个就接替他的称号，以此来保持一种像传说的凤凰一样永远不朽的精神。"不过，在苏联人那里，铁托是谁是很清楚的，他在共产国际的名字叫瓦尔特。

被审判为"叛国者"反而扬名

铁托从苏联回到家乡后，原来的国家概念已经不复存在。第一次世界大战打垮了奥匈帝国，1918年12月1日，塞尔维亚、克罗地亚、斯洛文尼亚联合组成王国，1929年定名"南斯拉夫王国"。这是历史上首次出现南斯拉夫这个国家，这个国家由众多地区拼凑而成，文化、民族和宗教异常复杂。这个地区在历史上从来没有组成过一个统一的国家，如今由于第一次世界大战的缘故，被组合成一个主权，国家性程度比较脆弱。

战后，铁托投入到此起彼伏的工人运动中。不久，左翼力量遭到严厉打击，铁托被捕了。1928年，他在法庭上慷慨激昂，获得了人民的赞扬和法官的同情。法官问铁托是否承认有罪。他回答："根据起诉书我是有罪的，但实际上我是无罪的。我承认我是南斯拉夫共产党党员，我承认我曾经宣传过共产主义。我向无产者指出过对他们的一切不义行为。但是我不承认资产阶级法庭，我只对我们党负责。"当被问及"是否知道国家保卫法"时，铁托轻蔑地回道："它只是临时法而已。这条法律并不是人民通过的。"

新生的南斯拉夫政权缺乏必要的民意基础，各族人民根本没有把自己置于一个主权之下的心理准备。国家缺少合法性，法官们对铁托这样的"叛国者"竟无可奈何，而人民却高声叫好，审判反而让铁托扬名。

1935年，铁托出狱后，前往莫斯科参加共产国际第七次代表大会，第一次远远看见

/ 1951年12月28日，南斯拉夫人民军成立10周年之际，铁托骑白马检阅军队

了斯大林。当时,东欧共产党人都拿斯大林的钱,大家私下里都叫他"老板",但是铁托心里明白,从莫斯科拿津贴,只会使干部堕落。1937年12月,铁托主持南共中央工作,那时正是纳粹德国侵略气焰最嚣张的时候,铁托针锋相对,揭露德国的阴谋,使南共在南斯拉夫国民中的威信一天天增长。

四年战争,铁托把南斯拉夫拧成一股绳

1941年4月6日,轴心国大举入侵,不到一个月南斯拉夫就沦陷了。此时,巴尔干地区呈现出颇似中国的"老蒋、鬼子、青洪帮"的复杂局势。南斯拉夫境内有好几股势力,由旧军官米哈伊洛维奇领导的"切特尼克"(塞族语,指绿林军)打着维护塞尔维亚民族利益的旗帜。切特尼克主要由旧军人组成,他们时常袭扰德军,属于反法西斯力量。可是当铁托的游击队发展起来后,切特尼克便出来破坏,他们散布流言说战争结束后,共产党会搞"共产",把东西都没收。另外还有乌斯塔沙,他们打着维护克罗地亚民族利益的旗帜,虽然投靠德国人,但是在当地颇有群众基础。

在复杂的形势下,铁托的部队纪律严明,在反侵略战争中打出了"军民鱼水情",部队发展到15万人。1942年11月初,铁托解放了西部重镇比哈奇,并占领了南斯拉夫五分之一的领土。人们称之为"比哈奇共和国",德国人则称之为"铁托国"。不过,"铁托国"的情况并不乐观。铁托在给莫斯科的电报中说:"伤寒已在这里流行,我们没有药品,人们因饥饿像蝇子一样死去",这时苏德双方正在斯大林格勒厮杀,无暇顾及南斯拉夫的形势。几周后,在游击队被迫与德军交换战俘时,莫斯科对此表示了不满,铁托在电报中顶了一句:"如果你们不了解我们目前如何艰难,而且又不能帮助我们,至少别妨碍我们。"这一句话,让斯大林记住了铁托。

▲ / 1961年,铁托(左一)在贝尔格莱德巴塔伊尼察机场,迎接不结盟国家另一位主要发起人印尼总统苏加诺(左二)

↑ 1955年6月，苏联领导人赫鲁晓夫（左二）带着歉意来到贝尔格莱德，他向铁托（右二）表达了苏联的新态度

此时，德国人看出了游击队的威胁，一次次地派兵围剿；盟军方面也看清了南斯拉夫真正的抵抗者是谁。

随着意大利的投降，铁托的日子开始好过起来。1944年6月，盟军完成诺曼底登陆，准备在意大利发起新攻势，为此丘吉尔从英国赶来，8月12日，丘吉尔和铁托在那不勒斯第一次见面。铁托穿着一身崭新的制服，显得严肃而又郑重其事。丘吉尔则穿着一身白色工装，显得随便得多。这两位领导人，除了出身和政治信仰不同，他们有着太多的相似处。丘吉尔说，"可惜我年纪大了，不能在南斯拉夫跳伞着陆了，不然我要到南斯拉夫去作战"，铁托说："可是你已经派去了你的儿子。"丘吉尔激动得泪水都流下来了，他的儿子伦道夫·丘吉尔在英军驻南代表团任联络官。

斯大林不想落在丘吉尔后面，9月下旬，斯大林见到了。这是他们第一次正式会见。谈到这次与斯大林会见的气氛，铁托说："会谈非常冷淡，我想原因是那封叫他不要指手画脚的电报"，在会谈结束后，保加利亚党的领导人季米特洛夫告诉他："瓦尔特，主人对你的那个电报大生其气，他气得直跺脚。"

不过，铁托还是得到了自己想要的东西，他不失时机地向斯大林提出，南斯拉夫军队现在只有一个装备英国"斯图亚特"坦克的装甲师，为了解放贝尔格莱德，请求苏联支援一个坦克师供南军支配，对付德国坦克，苏联的T-34正合适。为了拉拢铁托，不落在丘吉尔后面，斯大林非常爽快地答应了他的请求，斯大林对铁托说："瓦尔特，我给你的不是一个坦克师，而是整整一个坦克军！"此外，斯大林还给了铁托两个航空师和其他重武器。

有了这些新式武器，南斯拉夫人民解放军终于可以和德国人叫板了，1944年10月20日，贝尔格莱德终于回到南斯拉夫人民手中。铁托在检阅参加最后战斗的部队时说："我们是欧洲唯一自己解放了自己国土的人民，在最后的突击中，我们的军队使敌人遭受惨重的损失，仅德国人就被打死9.8万多人，俘虏了28.5万德国人和伪军。"新生的南斯拉夫与过去的南斯拉夫简直是天壤之别。战前，这是一个拼凑起来的国家，政权的合法性很薄弱。4年的反侵略战争，铁托把南斯拉夫人拧成了一股绳。

摆脱苏联模式，成为富有的社会主义国家

欧洲战事刚一结束，铁托就把西方得罪了。美国空军成群结队地飞越南斯拉夫领空引起了公众的不满。8月9日，南斯拉夫空军击落一架美国飞机。在西方国家看来，美国人刚在日本投下原子弹，南斯拉夫竟敢击落美军飞机，无非是仗了苏联的势，铁托不过是斯大林的一个走卒。

的确，战争刚一结束，铁托便率团访问莫斯科，展开了与苏联的合作。他发现苏联的目的是取得南斯拉夫的资源，而南斯拉夫人所希望的是通过合作实现国家工业化。苏方代表公开说："你们要重工业干什么？我们乌拉尔有你们所需要的一切东西。"

在具体洽谈每一个合作项目时，南斯拉夫人提供的资产价值总是被低估。南斯拉夫的资产是按照1938年的价格估算的。但苏方投入的资产除了现金外，都是按当年的价格估算的。之后，苏联同意向南斯拉夫提供1亿3500万美元的贷款，用以偿付苏联向南供应的成套工业设备。一切看来，苏联人都显得慷慨大方，只有参与其事的南斯拉夫人才真正明白是怎么回事。当那些设备运来时，南斯拉夫人发现，它们根本不像苏联人说的那样值钱，而且不适合自己制定的发展计划。南苏关系恶化后，苏联便终止了这一协定，这又给南斯拉夫造成了很大损害。

由于不肯走斯大林模式，不肯做卫星国，1948年6月28日，共产党情报局宣布把"铁托集团"开除出世界共产主义运动，并煽动南斯拉夫人民打倒铁托。苏联想促使南国内发生内乱，但是事实证明斯大林太不了解铁托了。铁托毅然决定在报纸上全文发表情报局决议和南共的答复。让人民自己去判断谁是谁非。

1948年7月21日，南共第五次代表大会如期召开，铁托通过广播发布大会实况，全国人民在此期间，无一例外地守候在收音机旁收听。最终，铁托高票当选。1949年底，东欧流行着一句俗话："马克思是上帝，列宁是耶稣，斯大林是圣保罗，铁托是第一个新教徒。"

为了打破孤立，能够生存，铁托开始寻求与西方缓和。在苏联东欧集团的一片嘘声中，南斯拉夫坚定地走出了孤立境地。"南斯拉夫跟谁都愿意交朋友，但南斯拉夫谁也收买不了。"

1953年斯大林去世，苏联国内形势发生变化，新的苏共领导悄悄修改过去的一套做法。1955年赫鲁晓夫亲访贝尔格莱德，向铁托道歉，彻底否定了1948年情报局对南斯拉夫的诽谤。

1956年，铁托和埃及总统纳赛尔、印度总理尼赫鲁一起发起了不结盟运动，寻求在

两大军事集团对抗中的第三条道路。1961年9月，在南斯拉夫、埃及、印度和印度尼西亚等国的倡议下，不结盟国家首脑会议在南斯拉夫首都贝尔格莱德举行。

自从与西方国家恢复关系后，南斯拉夫经济获得了迅速的发展。从1949年到1959年10年间，南斯拉夫从西方共获得价值24亿美元的经济援助，西方国家还派出了专家帮助建设。南斯拉夫在东欧国家里成为比较富有的一员。

南斯拉夫走上了一条摆脱苏联模式束缚的道路，建立了一套符合自己国情的经济工业道路，自50年代政治和经济改革以来，南斯拉夫人民生活水平不断提高，西方的文学电影也被允许传播，每年有超过600万游客进入南斯拉夫。1976年，全国有36%的人民拥有自己的汽车，每1.8个家庭拥有一台电视，每2.1个家庭拥有一台冰箱，所有7岁到15岁的儿童都可以免费受到8年义务教育。虽然和西方国家相比还是落后了一些，但南斯拉夫的生活水平已高于同一时期其他社会主义国家。

铁托就是南斯拉夫

南斯拉夫是一个新生的国家，缺少文化基础，之所以能组成国家，很大程度上是因为铁托。他在抗战期间团结了全国各族人民

爱打猎，不爱打仗。
我叫约瑟夫，他们叫我瓦尔特。
爱养狗、爱骑马，爱南斯拉夫人民。
爱打球、也爱摄影。爱游艇、也爱T-34。
不亲苏，不亲美，不结盟。
我不是马列导师，我是铁托。

共同对敌,战争打出了几个民族共同的苦难和辉煌,也打出了各族人民对铁托的信任。正是由于各民族之间缺少历史文化基础,铁托对民族事务极为敏感。有一次,在他的生日庆祝会上,当着众多来宾的面,他向一位中学校长说:"我听说,有一个学校在学生中搞民意测验,问孩子们最喜欢哪一个民族的人:马其顿人、斯洛文尼亚人、黑山人,还是克罗地亚人,这实在令人费解,我要谴责。"

铁托是个很好的演说家,讲话一般不打草稿。但在讲话之前总要习惯性地踱步、思考讲话的纲要。这样他便能随时根据听众的反应调整他的语调及内容的详略。他的演讲很能激起听众的共鸣,这种共鸣成了南斯拉夫人的共同记忆。

但由于铁托本人生长于克罗地亚、斯洛文尼亚地区,他当政时期对南斯拉夫的主体民族塞尔维亚族采取了打压政策。1961年,全南人口中自认塞尔维亚人的占42.1%,到1981年则降为36.3%。对于主体民族的打击政策使得国家凝聚力大为下降,为后来南斯拉夫解体埋下了伏笔。

铁托热爱运动,身体非常好,他是击剑好手,爱好骑马、打网球。在工作上铁托有些刻板,作息时间雷打不动。6点半起床,然后带着狼狗"老虎"和两只小白狗"杰米"和"布比察"在花园里散步。散步时间不长,回到办公室批阅公文、处理文件。8点半左右吃早饭,然后接着工作。上午,他在住所同工作人员谈话,随后接见国内外来宾。中午一点,他同夫人一起吃午餐,这是一天的正餐,他喜欢请一些客人或者是工作人员一起吃。饭后在靠椅上稍事休息,或者到暗房去冲洗相片。这个时候,他不喜欢别人打扰他,只有发生急事才例外。下午4点到7点,他举行工作会议,接待各部门官员或外国代表团。7点左右吃晚饭,然后看电视新闻,偶尔也看看故事片。接着他看当晚发行的报纸和送来的文件,在他看过的文件上,都标上"已阅"。要办的事都有他的批注及处理意见,他从不积压材料。

1974年,82岁的铁托当上了终身总统。没有铁托就没有南斯拉夫,南斯拉夫人很难想象没有铁托的日子,俗话说:"家有一老,如有一宝",铁托就像南斯拉夫的大家长。在铁托晚年,南斯拉夫的宣传部门已经把铁托尊奉为马克思主义"经典作家",贝尔格莱德挂起了马恩列铁的画像,"神赐的领袖"掩盖了民族矛盾。1980年5月4日,当铁托在卢布尔雅那病逝时,西方评论家认为:"不大有什么人可以破坏南斯拉夫联邦,稳定的南斯拉夫符合西方利益"。可就在铁托百年诞辰那年,也即他逝世12年后,他一手缔造的南斯拉夫社会主义联邦共和国宣告解体。

(《文史参考》2012年9期)

反美斗士查韦斯

文 | 隋寄锋

/ 1999年10月11日，中国北京，委内瑞拉总统查韦斯戴着印有"长城"两字的帽子登长城

△ / 2001年12月11日,查韦斯(右)与卡斯特罗在委内瑞拉玛格丽塔岛的一支军舰上

2013年3月5日,委内瑞拉副总统马杜罗宣布,总统查韦斯于当天16时25分去世,享年58岁。支持查韦斯的委内瑞拉国内民众纷纷上街悼念,举着"人民、查韦斯、革命继续"的标语,高喊:"查韦斯万岁!"叱咤世界政坛20年的一代枭雄走了,为历史留下了一段传奇。

少年时曾在电影院卖糖果

1954年,查韦斯生于委内瑞拉南部一个小镇,他全名乌戈·拉斐尔·查韦斯·弗里亚斯,拥有拉美印第安人、非洲黑人和西班牙白人三种血统。查韦斯的父母是镇上唯一一所小学的老师,生有6个儿子,查韦斯排行老二。他们家只有一间用棕榈树叶搭建的茅草屋,住不下这么多兄弟,所以查韦斯和哥哥阿丹是在祖母罗莎家中长大的。

查韦斯的祖父很早就去世了,罗莎靠给人洗衣服和售卖自制糖果将查韦斯的父亲抚养成人。查韦斯和阿丹小时候也常常到街上或电影院门口,向路人兜售祖母制作的糖和玉米饼来补贴生计。第一次去上学时,查韦斯因为穿着一双露出脚趾的旧鞋而被学校拒之门外。伤心的祖母四处筹钱，好不容易才为孙儿买到一双新鞋。查韦斯在祖母的陪同下，才跨进了学校的大门。

查韦斯和阿丹在小学毕业后，考进巴里纳斯市的一所中学。后来随着4个弟弟也到了上中学的年龄，他们就举家迁往这个有6万人的城市。查韦斯家的邻居、历史学家鲁伊斯是委内瑞拉共产党的老党员，曾被作为政治犯关进监狱。查韦斯在他那里阅读了大量书籍，其中就包括《资本论》及列宁的一些著作。

1971年，17岁的查韦斯参加了在中学的最后一次期末考试，他的化学没有及格，但还是如愿进入了位于首都加拉加斯的军事学院。那时查韦斯的梦想是有朝一日能打进美国的棒球联赛。而父母则期望他成为神职人员。

政治理论和军事理论课是查韦斯最喜欢的课程，他涉猎了克劳塞维茨、玻利瓦尔、拿破仑等人军事学著作，更第一次阅读到毛泽东的书。查韦斯后来回忆那时说："我十分喜欢毛泽东，我开始阅读毛泽东的著作。"查韦斯逐渐放弃了当棒球明星的理想，转而想做一名建功立业的军人。

一场未遂政变名扬天下

1975年，查韦斯以平均89分的成绩从军校毕业，被授予少尉军衔。他在军中服役时常常对人说："我很高兴，因为2000年快到了，到了2000年，我将晋升为将军，我要给这个国家一点颜色看看。"23岁时，这个雄心勃勃的年轻人与在老家的姑娘南希结婚，他们育有两女一子。

查韦斯在军校读书时，拉美正流行民族主义与社会主义，他与一帮朋友发明了一种新的左翼理论——"玻利瓦尔主义"。玻利瓦尔是领导拉美的独立领袖人物，被尊为"解放者"。1982年，已经晋升为上尉的查韦斯发起建立了"玻利瓦尔革命军—200"，"200"指的是纪念这位革命者200周年诞辰。这个组织旨在推翻腐败政府，改变委内瑞拉新自由主义的经济政策。

查韦斯第一次尝试夺取政权是在1992年，他指挥自己属下的伞兵开往加拉加斯的军事历史博物馆——那里距总统府只有两公里。在查韦斯行动的同时，其他参与政变者相继占领了全国的一些要塞。查韦斯还不知道，总统佩雷斯先一步得知消息，不仅逃离了总统府，还在电视台发表讲话："委内瑞拉发生了一场政变，一些叛乱分子企图破坏民主，但他们的阴谋绝不会得逞。"政变的消息传出后，古巴领导人卡斯特罗也给佩雷斯发来了慰问电。

委内瑞拉总参谋长希门内斯打电话给查韦斯："你必须投降，否则博物馆将被轰炸机炸毁。"眼见大势已去的查韦斯回答说："我的将军，我投降。"为了促使各地叛军投降，佩雷斯同意让查韦斯通过电视播放他的"劝降书"："首先，我想向委内瑞拉全体人民说声早安……遗憾的是，我们预定在首都要达到的目标，暂时没能在现在实现。我们没能在加拉加斯控制政权……我为这次玻利瓦尔军事运动承担全部责任。谢谢。"

不过一分多钟的讲话，使查韦斯这个仅是中校的伞兵旅长成为举国皆知的大人物。这次兵变一共死了30个人，其中14名军人，叛军士兵们大都是在事后才知道自己参加了一场政变。查韦斯当上总统后，他将自己策划政变的2月4日定为"尊严日"。

高喊反腐口号

因为策划了推翻政府的政变，查韦斯被判处30年徒刑。但正所谓"塞翁失马，焉知非福"，查韦斯成了对现状不满的民众心目中的英雄。查韦斯身在狱中，而想见他的人络绎不绝，来自社会各个阶层。

在这种民心向于叛乱者的情况下，新任总统卡尔德拉也不得不在1994年3月特赦了查韦斯，条件只有一个，那就是查韦斯必须从此脱下军装。此时的查韦斯不仅已与妻子南希离婚，也和同在"玻利瓦尔革命军—200"的情人赫尔曼分了手。

全部家当只有几件衣服的查韦斯，在狱中结识的一位律师朋友的资助下，开始四处演讲，表示要以武力夺取政权。说服查韦

> **因为策划了推翻政府的政变，查韦斯被判处30年徒刑。查韦斯成了对现状不满的民众心目中的英雄**

斯放弃武力谋划，投身选举的是一位名叫米基茨纳的老共产党员。他们一同做了民意调查，最后发现大多数人还是支持以选举的方式更换政府和领导人。

1996年，查韦斯决定参加竞选，他在次年将"玻利瓦尔革命军—200"改名为"第五共和国运动"。查韦斯的竞选口号是："召开立宪代表大会、反对腐败、维护社会福利、普遍增加工资、成立玻利瓦尔政府。"1998年12月，查韦斯以56.5%的得票率当选总统，他终于有机会去实现"玻利瓦尔革命"了。

查韦斯对推行新政是雷厉风行的，他兴办国有企业；将被非法占用或长期闲置的土地分配给农民；推出惠及下层民众的教育、

医疗、住房、就业等一系列福利政策。对外关系上，委内瑞拉与同是左翼政府的古巴、巴西、阿根廷、玻利维亚等密切合作。

委内瑞拉是世界上第五大石油出口国，查韦斯将石油作为"地缘政治武器"。他大力推行国有化，将委内瑞拉石油公司置于能源和石油部门的管辖下。他呼吁各石油输出国通过降低产量来提高油价。

1999年4月，查韦斯宣布在成立立法议会后解散国会和最高法院，委内瑞拉全民公决通过新宪法。新宪法将总统任期从5年延长至6年，任满后可谋求连任，并将国名改为"委内瑞拉玻利瓦尔共和国"。2000年7月，查韦斯在依据新宪法举行的选举中再次当选。

险些被政变推翻

以发动政变起家的查韦斯，在他当总统的第4个年头却差点被同样的手段推翻。国内反对派趁国际油价下滑、委内瑞拉经济不振的机会，指责查韦斯进行独裁统治，治国无方。委内瑞拉企业家联合会、工人联合会、天主教教会上层，以及知识分子们签署协议，密谋推翻查韦斯。

反对查韦斯的罢工和罢课在全国蔓延，大约有数十万人走上街头。在总统府观花宫附近游行的人群与拥护查韦斯的民众、警卫发生冲突。那一天有17人被打死，96人受伤。

那时委内瑞拉的电视台大多数掌握在反对派手中，他们反复播放示威者被枪杀的画面。

2002年4月11日，海军参谋长、陆军总司令、武装力量总监等高级将领先后发表声明要求查韦斯下台。走投无路的查韦斯拨通了卡斯特罗的电话，这位与美国斗智斗勇几十年的革命前辈告诉他："别辞职！提出体面的、有保证的条件，避免无谓的牺牲，因为我认为你应该保存自己……你不能殉难！"归之为一句话就是——留得青山在，不怕没柴烧。因此当发动政变的军人将查韦斯软禁在一所军营中，要求他签署辞职书，查韦斯宣称："我不会辞去人民给我的权力，无论你们对我采取什么手段。"

4月12日，在被关押的地方，查韦斯向一名士兵借到了手机，他让女儿玛利亚联络卡斯特罗，转达他并未辞职的消息。卡斯特罗随即对外公开了查韦斯的现状，同时频繁联系参与政变的委内瑞拉将领，劝说他们保障查韦斯的安全。

4月13日，忠于查韦斯的军队开始反击，重新占领总统府。与此同时有官员指出，所谓政府枪杀示威者只是反对派编造的谎言。14日凌晨，支持查韦斯的军人派出3架直升机，救出了被囚禁的总统。查韦斯在失去自由四十八个小时后，重新掌控了国家。

挫败这起政变阴谋后，查韦斯的改革更加大刀阔斧。2004年8月，委内瑞拉举行全民公决。查韦斯在公决中获胜,将继续执政至2007年1月。2006年12月,查韦斯获得了连任。2007年12月,委内瑞拉就修改宪法举行全民公决,内容包括把总统任期从6年延长到7年和取消总统任期限制等,结果没有通过。2009年2月,委内瑞拉再次进行全民公投,修改后的宪法使查韦斯在2012年任满后还能作为总统候选人参选。2012年10月,查韦斯拖着身患癌症的病躯出征大选,第三次连任总统。但他缺席了2013年1月10日在国会举行的宣誓就职仪式。

崇拜卡斯特罗和毛泽东

查韦斯要在国内建设"21世纪社会主义",那自己的拉美邻居古巴和当今世界上最大的社会主义国家中国显然是他最重要的借鉴对象。

在1994年获释后,查韦斯就在第一时间访问了古巴,见到了心目的英雄——菲德尔·卡斯特罗。他在当选总统后的第二月就开始了又一次古巴之行,从此成为哈瓦那的常客。2005年,在委内瑞拉与古巴达成一系列合作协议后,查韦斯和卡斯特罗两人一起来到玻利瓦尔的雕像前致敬,哈瓦那民众呼喊"卡斯特罗万岁"、"查韦斯万岁"的口号此起彼伏。卡斯特罗说:"我们非常高兴,这是历史性的一天。"查韦斯回答说:"两国合作的增加是拉美排除了美国操纵的情况下朝着一体化方向又迈进了一步。"

如查韦斯自己说的那样,"菲德尔于我就像是一位父亲、一位同志和一名完美的战略大师。"为了回报卡斯特罗,他以极其优惠的条件每天向古巴提供13万桶石油。

查韦斯第一次以总统身份访问古巴不久,即踏上了中国的土地。他主动要求参观毛主席纪念堂,因为查韦斯十分崇拜毛泽东,他能自如地引用毛泽东语录,比如"帝国主义是纸老虎"、"在战略上藐视敌人"、"党指挥枪"等等。此后查韦斯又于2001年、2004年、2006年、2008年和2009年五次访华。在2008年访华时,美联社记者问他:"总统先生,你为何可以有时间来这里(中国),却没有时间去联合国(纽约)?"他回答道:"我觉得来中国要比去纽约开那个大会(联大)要重要1000倍。"

中委两国最重要的合作是在能源领域,中国要扩展进口石油来源,委内瑞拉则要减少对美国出口的依赖。查韦斯曾经放言,他要为中国提供其所需石油的20%。查韦斯最后一次访华时与中国签订了三项协议:中委两国在委内瑞拉一个资源丰富的盆地合资成立石油开采公司,委方持股60%,中方持股40%;双方在广东投资一个大型炼油厂,中方持股60%,委方持股40%;同时再成立一个双方各持股50%的远洋运输公司。

△ / 2010年10月15日，莫斯科，委内瑞拉总统查韦斯（左）与俄罗斯总统梅德韦杰夫举行会谈，商讨有关能源、防御和金融等方面事宜。查韦斯此次是第9次访问俄罗斯

1998年，两国贸易额只有2亿美元，而十年后的2008年，这个数字已经是98.53亿美元。两国在石油、矿业、通讯等方面有79项重大合作。中国还为委内瑞拉发射了其历史上第一颗通信卫星。查韦斯曾在自己主持的脱口秀节目《你好，总统》中高呼"中国是发展的榜样，伟大的中国万岁。"他还说过："感谢上帝，世界上有了中国。"

查韦斯兴趣广泛，能歌善舞、会作诗，

每周主持一次自己的电视节目。在广大民众的眼里,他是个敢爱敢恨、个性鲜明的人物。

扛起反美大旗

世界上有一些以反美著称的国家,比如伊朗、朝鲜,以及从前萨达姆统治下的伊拉克、卡扎菲统治下的利比亚。查韦斯上台后,就一改委内瑞拉与美国交好的传统,坚持独立自主,同反美国家走到了一起。

查韦斯与克林顿的关系还不错,但同小布什就是形如水火了。"9·11事件"后,查韦斯反对美国以战争来解决恐怖主义,他在电视讲话中说:"炸死这些无辜儿童的不是本·拉登,也不是别人,而是美国飞机!"布什一气之下,一度召回了驻委内瑞拉的大使。2002年,布什访问拉美,会晤了委内瑞拉的几个邻国的元首,唯独没有见查韦斯。2003年,查韦斯谴责美国侵略伊拉克,他说:"如果小布什还有一丝尊严的话,他就应该主动辞职。现任美国总统没有政治能力和道德感召力来管理一个国家。"

布什指责委内瑞拉是"邪恶轴心",查韦斯则说美国参与了试图推翻他的政变,并策划了多起针对他的暗杀。为了与美国争夺在拉美的话语权,查韦斯推动"美洲玻利瓦尔替代计划",以与美国主导的"美洲自由贸易区"相抗衡。

2006年的联合国大会上,布什在演讲中说:"民主已经生根,而恐怖主义的地盘已经缩小"。查韦斯在第二天的演讲中针锋相对地说,布什推广的不过是"一种属于精英阶层所有的虚假民主和'炸弹'民主。"查韦斯多次将布什称为"魔鬼",将他的民主方案称为"魔鬼处方"。

奥巴马接替布什后,美委关系发生了缓和。在2009年的美洲国家组织峰会上,奥巴马主动向查韦斯伸出了右手,两人握手后,查韦斯说:"我8年前用这只手和布什握手,我想和你做朋友。"奥巴马当时没有回复,只是微微一笑。第二天他们两个再次握手,查韦斯送给了奥巴马一本记叙拉美殖民史的《拉丁美洲:被切开的血管》。两国后来恢复了布什执政时断绝的大使级外交关系,但小的波折从来也没有停止过。

查韦斯去世后,奥巴马说:"美国重申,将支持委内瑞拉民众,有意与委内瑞拉政府发展建设性关系……随着委内瑞拉翻开新的历史篇章,美国依旧秉持推广民主原则和法律规范并尊重人权的政策。"而被认为是查韦斯继承人的副总统马杜罗说:"查韦斯所患的癌症很可能是美国发动的'科技攻击'引起的。"

参考资料:徐世澄《查韦斯传》、尼古拉斯·科兹洛夫《乌戈·查韦斯》、迈克尔·塔弗《委内瑞拉史》等

/ 1982年6月15日，在第五次中东战争中，沙龙坐在装甲车上挺进黎巴嫩贝鲁特

一生致力于以色列国
沙龙：犹太建国者的悲哀

文 | 杨扬

2014年1月11日，沙龙在昏迷8年后去世，享年85岁。此前，由于他的"单边行动计划"严重伤害了右翼犹太人民的感情，以至于在他临死时，右翼犹太教拉比拒绝为他的健康祈祷。

阿里埃勒·沙龙原名阿里埃勒·施内尔曼，1928年2月26日，出生在"莫沙夫"村庄。所谓"莫沙夫"是一种以家庭为单位相互协

△ / 1948年2月，沙龙拿着司登冲锋枪，腰挂MK2手雷

助的小村子。在以色列建国前，世界各地的犹太人迁徙到这片祖先生活过的土地，组成新的村庄和城镇，建立起一个崭新的国家。

阿里埃勒·沙龙就是在这样一个伟大的时代成长起来的"建国者"，那一代人的逐渐凋零与今天以色列曲折艰难的和谈放在一起品读，令人不胜唏嘘。

手持大棒子的小子

沙龙的祖父是一个白俄罗斯犹太人，同时是当地犹太复国主义者的小领袖，曾参加犹太复国主义代表大会。第一次世界大战时，为避战乱，一家人逃亡格鲁吉亚。沙龙的父亲施内尔曼曾经在格鲁吉亚攻读农业学，并成为一位农学家。20世纪20年代初，为了躲避俄罗斯内战和反犹迫害，一家人再次迁徙，来到了尚处于英国委任统治下的巴勒斯坦，定居在以色列西北部的莫沙夫村庄——马拉尔。

沙龙从小就是暴脾气，8岁时父亲交给他一根大棒去看管自家果园，胖墩墩的沙龙经常抡得一根大棒呼呼生风，从此无人敢觊觎他家的果园。当地人还给这个不好惹的小家伙取了一个外号"大棒小子"。

深受家庭影响的沙龙，10岁就加入了犹太复国主义青少年运动组织"劳工青年运动"。高中时期，沙龙来到了特拉维夫就读，有机会接触到更多的犹太人军事组织。最终，他很坚定地选择了后来成为以色列国防军基础的"哈加纳"。以色列1948年建国前的几年里，有不少犹太军事组织都比较激进，其中著名的有"伊尔贡"（以色列国家军事组织）和"利海依"（以色列自由战士旅），他们经常发起对英国人的暴力反抗，而"哈加纳"则是一支理智的军事力量。为了能得到英国人的支持，"哈加纳"不得不阻止自己同胞的非理性做法，抑制这些暴力行为。

1948年以色列独立战争期间，沙龙作为国防军预备役师亚历山大师的排长参加战斗，并在莱特龙战役中负伤，腹部被打穿，侥幸存活。法国作家阿伊克在《沙龙传》中这样写道，"作为军人，他具有异常出色的军事素质，即使在毫无月光的夜晚，他也能找到自己的方位和既定路线。他一贯镇静，这种特质一直感染着他身边的人。"病愈后的沙龙继续战斗，参加了第一次停火期间的"丹尼行动"，其后又圆满完成费卢杰包围行动，该行动成为独立战争的转折点，迫使埃及和以色列签署停战协议。

1951年，他被任命为中央司令部情报官员，在这里他碰到了"独眼将军"摩西·达扬。一次达扬半开玩笑地问情报部能否抓几个约旦士兵对换被抓的以军士兵，沙龙不动声色，与另一同伴半夜摸黑绑回来两个约旦士兵，这一惊人之举令达扬瞠目结舌。

不要把伤员丢在战场上

1953年，沙龙受命组建101突击队，101突击队的任务是深入敌后。为了组建这些精锐之师，沙龙可以从以色列全军随意挑选最精干的小伙子。在他的领导下，101突击队迅速成为国防军中最出色的部队。

在战斗中沙龙身先士卒，他的"跟我上"、"不要把伤员丢在战场上"、"直面战火"等英勇口号被人传诵。专门研究以色列战争史的历史学家乌里·米尔斯坦写道："在独立战争后的三年半内，国防军在所有的战争测试中都失败了，直到1953年8月沙龙成立101突击队。仅4个月就带来了国防军的革命，并在接下来的15年改变了它，那是它最有效的时期。"

1954年初，101突击队与890伞兵营合并，沙龙担任指挥官。同年，沙龙被任命为伞兵部队总司令。苏伊士运河战争中，沙龙指挥米特拉战役，伞兵旅牺牲38人，这一对以色列来说不小的阵亡数字引起了军内对沙龙的批判，有些人甚至质疑他此次行动的必要性。除此之外，沙龙性格锋芒毕露，不服从指挥官命令，并与多名军官意见不合，因此，被冻结升迁。

沉寂数年之后，沙龙的伯乐终于出现了，这次赏识他的是以色列第一任总理——本·古里安。在日记中，他评价沙龙"是一个有思想的人，一个坚定的人，一个典型的军事领导人"。1962年，沙龙被任命为装甲师师长。1963年10月11日，时任副总参谋长的伊扎克·拉宾拜访本·古里安期间曾提起："请注意埃里克（指沙龙）。"本·古里安在会面后记录道："认真对待沙龙的积极态度，并给他找一个合适的职位。"1964年，伊扎克·拉宾被任命为参谋长，沙龙担任北方司令部总参谋长，同时，他还指挥预备役师。1967年，沙龙晋升为少将军衔，本·古里安给沙龙写来祝贺信："亲爱的、伟大的埃里克，在我眼里，你在几年前就已经是一位称职的将军了，赞歌为你而唱！"

"六日战争"时，沙龙指挥驻扎在南部地区的38师，并与南方司令部合作实施他的作战计划。据军事史学家阿米·格伦斯卡研究，沙龙在"六日战争"时曾对拉宾提到，他对政府的优柔寡断感到沮丧。沙龙的师被分派的阵地是在阿布阿基拉地区，埃及在该地区部署了1.6万名士兵。沙龙的基本战术是夜间攻击和面对面战斗，这两点正是以军的优势，埃军的短板。战斗打到第二天，沙龙的上级才发现他的行动有多么大的价值。

这场战斗在以色列国防军历史上被认为是最成功的战斗之一，后来它成为世界各地军事院校的范例，也为沙龙赢得了盛名。

沙龙不仅在战术上有一套，在战略层面也有独特的见解。早在"赎罪日战争"前，沙龙便对以色列国防军被动的静态防御系统提出了批评，认为国防军应该主动出击。但国防军参谋长哈伊姆·巴尔莱夫和大卫·埃拉扎尔仍然太过看重"巴列维防线"。

1973年10月7日，"赎罪日战争"第二天，沙龙的部队在上级南辕北辙的指挥下奔波一天，丧失战机。达扬严厉训斥了南方司令部总指挥施穆埃尔·戈南，并命令沙龙扭转南方战局。10月9日，沙龙旗开得胜，消灭35辆埃及坦克，成为战争爆发以来以色列在南部战事中的第一次成功袭击。部队继续推进到大苦湖，这时戈南下令禁止沙龙继续向苏伊士运河进发，并撤出占领地，沙龙拒不执行。最终，达扬支持了沙龙。10月14日，南方三个师协作给了埃及军队重击，沙龙的师摧毁了150辆埃及坦克——整个战争期间以军摧毁埃及坦克的总量为250辆。接着，沙龙奉命执行"骑士之心"行动，打入运河，为以军开辟走廊。次日，埃及方面开始要求停火。接下来，沙龙用一系列胜利彻底扭转了战局。

"推土机"的铁腕政策

沙龙众多绰号中最为出名的是"推土机"，源于他一贯的铁腕政策。"六日战争"后，以色列控制的加沙地带并不安宁。以色列的支持者在光天化日之下被杀，加沙地带的工人也不敢到以色列工作，怕被报复袭击。仅1970年一年，恐怖分子便杀害了128名阿拉伯人和15名犹太人，另有580名阿拉伯人和120名犹太人在袭击中受伤。

1971年1月2日的恐怖袭击使两名以色列儿童被炸身亡，该事件在以色列社会引起了巨大轰动。沙龙受命铲除恐怖主义，指挥精锐部队对加沙地带进行搜索。他亲自出勤任务，指导士兵如何作业。在作战理论上，沙龙独创"反恐游击战"的战略体系。该体系将加沙分为几个地区，每个地区分派固定队伍，这些士兵要对地形和当地居民都非常熟悉,并可以在区域内迅速随机调动,随时发现并有针对性地追捕恐怖分子。

除了与恐怖主义作战,沙龙还开始对当地人实施"胡萝卜加大棒"策略:安宁的地区就能得到资助以求发展,与恐怖主义有瓜葛的地区则不能得到援助。此外,加沙地带的居民都有自己的身份标识,以防止伪造身份。

1971年底,加沙地带的恐怖主义便悄无声息了。沙龙清除恐怖主义的行动一直持续到1972年年中,期间,180名恐怖分子被杀,2000名恐怖分子被捕。恐怖分子黑名单上存活者几乎减少到0,此后,加沙地带保持了15年难得的安宁。

当然,沙龙在加沙地带的行动也是有争议的。他将清除恐怖主义的行动扩大到西奈和贝都因人居住地,因为他们的居住区是加沙恐怖分子运输武器的通道,一部分贝都因人被迫迁徙到西奈北部。沙龙因此遭到参谋长哈伊姆·巴尔莱夫的斥责,国内的左翼更是对沙龙多有指责,但以色列政府却支持沙龙,并没有允许迁徙的贝都因人回归家园,就连贝都因人提起的诉讼也被法院驳回。总理梅厄夫人的理由是:"死亡比背井离乡更糟糕。"

1982年,意在清除黎巴嫩南部恐怖组织——巴勒斯坦解放组织的军事行动逐渐

△ / 1973年10月,"赎罪日战争"爆发,沙龙(右)和达扬(左)在苏伊士运河西岸的以色列军营中

△ / 2004年4月14日，美国总统布什（后）和沙龙（前）在白宫一同召开新闻发布会

演变成第一次黎巴嫩战争。根据总理贝京在议会中的声明，该行动应限制在南起以黎边境的40公里范围内，但实际操作中，国防军远远超过了这一界限，一直到达黎巴嫩首都贝鲁特。9月，黎巴嫩基督教长枪党领袖、总统杰马耶勒遭刺杀。以色列支持下的长枪党人，在贝鲁特制造了臭名昭著的"萨布拉和夏蒂拉大屠杀"。据以色列方面不完全统计，共有700-800人在这次屠杀中丧生。黎巴嫩战争和这场屠杀使得以色列公众开始支持政府反对派。国防部长沙龙受到左翼的批评，认为他在战争意图上欺骗了总理和公众。这场争论引发了左翼的示威，他们的主题是"立即实现和平"。莎勒姆·哈诺的歌曲"无尽的红"便是抗议沙龙的歌曲，哈诺称这首歌是他专门为沙龙写的，另一首著名的抗议歌曲是由派驻黎巴嫩的士兵写的：用儿歌的形式，叫"飞机向我们飞来"。

惨剧发生后，迫于国内外的舆论压力，以色列成立调查委员会对大屠杀进行调查，裁定结果是，军队确实没有直接参与大屠杀，但沙龙对挑起基督教徒为其领袖进行报复负有责任。因此，委员会建议沙龙辞职。在沙龙拒绝辞职的情况下，政府在1983年2

月14日对沙龙进行强制撤职处分,但保留其政务委员身份。

以军直到1985年仍然滞留黎巴嫩境内,与包括真主党在内的游击队发生冲突。国防军的长期滞留带来了消耗性伤亡,政府的公信力也急剧下降。以色列国内传言四起,认为第一次黎巴嫩战争是沙龙误导了总理贝京。多年以后,特拉维夫地方法院证实沙龙并没有就战略跟总理进行真诚的报告。从贝京儿子的证词来看,沙龙也确实误导了他的父亲。

再见!大以色列

20世纪80年代中期,沙龙逐渐淡出军界,转向政坛。在1984年的议会选举中,沙龙作为利库德集团候选人获得了超过40%的赞成票。在随后组建的联合政府中,沙龙担任工商部长,并在任期内与美国签订了自由贸易协定。1990年,在伊扎克·沙米尔政府期间,沙龙担任住建部长。当时有成千上万从苏联来的移民,沙龙必须负责加快房屋建设。为此,他为开发商提供各种优惠政策,承诺在公开市场未能出售的房屋将由政府购买。在他的任期内,住建部共建造了14.4万套新房,并对2.2万间公寓进行了重新装修,该时期被认为是以色列的建设高峰,住建部的预算甚至一度超过了国防部,居政府各部门首位。

这一阶段的沙龙仍是个坚定的"大以色列主义"者,他曾在1987年12月购买了一处位于耶路撒冷老城穆斯林区维滕贝格的房产,并在买房之前对友人炫耀:"我要让政府确保犹太人在耶路撒冷老城区的安全,这样,他们将别无选择!"1993年,拉宾政府期间,沙龙强烈反对奥斯陆协定,认为它严重危害了国家安全,并表示,如果在其他国家,拉宾和佩雷斯完全有可能因这一协定被起诉。

1998年10月13日,在内塔尼亚胡政府中,沙龙被任命为外交部长(兼任住建部长)。1999年5月内塔尼亚胡选举失败后,沙龙于9月接任利库德集团主席。2001年,沙龙关于以色列"和平与安全"的承诺成功击败巴拉克,获得62%的绝对多数的支持,并于2001年3月7日就任总理,开始了他为期5年跌宕的总理生涯。同年,以色列国内的恐怖主义袭击达到顶峰,其主要方式便是自杀式炸弹袭击。2001年6月1日,特拉维夫海豚馆舞蹈俱乐部的入口处被自杀式炸弹袭击,21人死亡,这一事件震惊了以色列左翼。沙龙开始对恐怖分子进行定点清除,但这并未对阻止自杀式袭击起到有效作用。2002年3月的"逾越节大屠杀",造成30名以色列人死亡,160人受伤。当月被称为"黑色三月",因为该月内有超过120名以色列

> 一个一生致力于以色列国的领导人。

——巴拉克·奥巴马（现任美国总统）

> 沙龙从未被国际法庭审判，这是一个耻辱！沙龙对谋杀阿拉法特负有责任，我们希望他因战争罪被审判。

——拉朱伯（法塔赫高级官员）

> 这是巴勒斯坦人民的历史性时刻，双手沾满巴勒斯坦人鲜血的罪犯灭亡了！

——萨米阿布·祖赫里（哈马斯加沙地带发言人）

> 沙龙首先是一名战士、一位指挥官，在当下的时代乃至整个犹太历史中，他都是犹太人最伟大的将领之一。他代表了为民族独立和复兴而战的一代勇士。

——本雅明·内塔尼亚胡（以色列总理）

> 我词穷了，他是一个比生命更伟大的人。不接近他的人不会知道他是一个真正的传奇，任何人都不能与他匹敌。

——施洛莫·曼（赎罪日战争中沙龙的部将）

士兵和平民在自杀式袭击中死亡。沙龙决定发动"防御盾牌行动"，占领巴权力机构区域，消灭恐怖分子的基地。当然，沙龙的大手笔得益于"9·11"之后的国际大环境。美国总统小布什毫不掩饰其对以色列的同情，沙龙也表达了对小布什提出的路线图愿景的支持。

残酷的事实使沙龙逐渐认识到，大以色列是一个遥远的梦想，尽快结束死亡才是现实的选择。2003年大选胜利后，沙龙宣布：如果找不到一个合适的巴勒斯坦合作伙伴，不久的将来，以色列就要单方面撤军并撤离定居点，这便是"单边行动计划"，这就意味着沙龙放弃了以色列两代人追求的建立一个大以色列的梦！

阿拉法特逝世后，沙龙继续坚持单边脱离计划，拒绝与巴勒斯坦新的领导人对话。曾经崇拜他的右翼现在开始憎恨他，内塔尼亚胡从政府辞职，沙龙甚至认为有人会暗杀他。的确，沙龙背叛了那一代以色列人的政治理想，或许和平比庞大更重要，但以色列右翼民众却不这么认为。

2005年11月21日，沙龙辞去利库德党主席职务，建立前进党。正当那些渴望和平的民众期待这一温和派政党能带来新的巴以和平计划时，沙龙中风昏迷，结束了他传奇的政治生涯。

（《国家人文历史》2014年3期）

头脑清楚的现实主义者
昂山：勉为其难的国父

文 | 李夏恩

身处险境，又死里逃生，是昂山传奇一生的概括，但就像大多数投身于缅甸独立运动的活动家一样，在做出这个选择之前，他本有可能过着另外一种没那么多风险波澜的生活，平静地终老天年。昂山在1915年1月13日出生于缅甸中部马圭县的一个叫那卯的小村，是家中的幺儿，在他的前面还有五个哥哥和三个姐姐。他的父亲吴法是一名律师，在村中拥有土地，也放债食利，生活富庶而稳定。对一个生活在乡村的缅甸人来说，他的村落完全可以成为他的整个世界，而国家则是遥远的所在。

从沉默到激进的"我缅人"

这个国家在那时究竟是否真实存在，尚需费尽思量。就在昂山出生的30年前，缅甸作为一个国家从此在世界地图上不复存在，取而代之是印度的一个狭长的省。

昂山的舅父吴敏耀曾在1884年英军攻进马圭县时组织了一场实力悬殊的抵抗，最终战败被俘，英国人以缅甸当地对待反叛者

▲ / 昂山（1915-1947年）缅甸独立运动领袖、将军，缅甸共产党创始人之一，著名民族英雄

的手段对待吴敏耀，在利诱拷打之后，砍下了他的脑袋，挂在树上示众，以此恫吓所有胆敢质疑新主人权威的反抗者。

很多人认为是父辈的反抗激起了昂山心中的反抗意识。但这个在周围人眼中"沉静、害羞、不善言谈、举止唐突"的男孩心中

却另有想法。这个沉默者的第一个具体的反抗行为可能是在仿效同样少言寡语的邻国先驱——莫罕达斯·甘地。昂山同样也为他所在的国民学校设计了一款新式的校服，上衣和沙龙都用缅甸棕色的土布织成，这种浸染了缅甸精神的校服，成了爱国学生引以为傲的标志。

昂山1932年进入仰光大学，出生乡村的身份在最开始并没有引起大学中精英阶层的认同，他沉默寡言的性格和生涩的英语都成为周围人嘲笑的对象，但人们经常发现这个年轻人彻夜苦读，直到灯里残油耗尽，天边发白才开始休息。很快，他就可以熟练地用英文表达他的个人政治见解，提出口号，撰写尖刻的时评文章，这让周围的所有人都感到惊讶。1935年的学生会改选，昂山和另一名激进派学生哥奴（即后来成为缅甸独立后首位总理的吴努）被选为学生会的领导者，同时也主编一份名为《孔雀之声》的校刊，社会事务开始占据昂山的大部分时间。1936年，他成为全缅学生联合会的副主席，到1938年，他当选为主席。

1938年，昂山加入"我缅人协会"，组织的口号是："缅甸是我们的国家，缅文是我们的文字，缅语是我们的语言，热爱我们的国家，珍惜我们的文字，尊重我们的语言"。年轻新血的加入，使协会的元老感到不安，这些年轻人不愿在基层工作，却直接要求领导权，昂山等人被指控为修正主义，整个协会最终分裂。昂山等左派掌握了组织的领导权。但就像协会成立之初那样，昂山也在他的名字前面加上了"德钦"这个词，它在缅语里的意思是"主人"，傲慢的英国人在占领缅甸后占用了这个称谓，而现在，年轻的激进分子决定将这个自豪的称谓夺回来，对昂山来说，这个称谓"使他们的名字沾上好斗的民族主义色彩"。

此时的昂山还不到25岁，但已经站在缅甸独立运动的顶巅，他激进好斗的特性，自然也使他登上了英缅当局密切注视的名单。到了1940年，英缅当局终于等到了这个机会。此时二战已经爆发，英缅当局希望能与"我缅人协会"等独立党派进行

/ 成为学生运动领导人的昂山

/ 1942年，昂山的结婚照，身穿日本军大衣

合作，但协会却决定公开表示不参战、不服从，而且秘密从国外获取武器，必要时进行武装暴动。6月2日，当昂山准备乘船赶赴兴实塔县日轮镇的群众大会时，突然在仰光码头附近发现四面布满了军警特务，昂山为了避开眼线，特意从另一个渡口乘舢板出发，在河流中央时跳上前往兴实塔县的轮船。但这不过是危险的前兆。

6月3日，兴实塔县法官泽维尔以寻衅滋事涉嫌武力叛乱的罪名签发了对昂山的逮捕令。6月4日早晨6点，当昂山回到仰光总部时，很快听到了对他下令逮捕的消息。当第二天警察来到总部拘捕他时，已经人去屋空。

昔日站在讲坛顶端，万众瞩目的革命斗士，现在却成为不得不躲避所有人目光的逃亡者。两个月后，中国厦门，暮色降临下的港口，昂山再一次踏上坚实的陆地。这个缅甸人不得不脱去他引以为豪的缅人服装，改换西式衣服——他成了祖国的流亡者，而流放他的，却不是他认同的那个祖国。这个自信能拯救整个国家的人，现在需要他的拯救者。

逃亡中国，被日人所救

中日开战，中国政府迁往西南，日本开始担心英美等盟国可能通过缅甸向中国输送战略援助。日本陆军大佐铃木敬司作为情报人员于1940年6月临时派驻缅甸。

但铃木却不认为自己的任务仅止于此，他愈发确信，资助缅甸独立是实现"大东亚共荣圈"的必要策略。铃木特意穿上缅甸式的白色袍服，骑在白马上，装扮成缅甸传说中的救世主白衣王。

1940年9月，当铃木听说了昂山逃亡至中国厦门的消息时，立即指令手下前去搜寻，并自作主张向缅甸独立派表示日本要为缅甸的独立给予武力援助。

此时，身在厦门的昂山却陷入无所适从的处境中，他原先的计划是与中国方面接触，无论是蒋介石的国民党，还是毛泽东的共产党都可以，但他最后等来的，却是在一间破败的小饭馆里发现他们的日本宪兵队少校神田。1940年11月，昂山与另一名逃亡者兰扬抵达日本东京，由铃木亲自接待。

这是昂山第一次见识缅甸之外的世界，日本对他来说，就像是另一个星球，他看到的是一个工业和军事高速发展的亚洲强国，这使他兴奋不已。而日本流行的国家主义思想，则让他深信，为了国家的独立，个人是可以而且有必要去牺牲的。

昂山在日本也有许多不适，譬如对日本举国上下狂热的好战气氛感到忧虑，怀疑日本的动机不过是将缅甸当成其亚洲棋盘上的一枚可用的棋子。但铃木以曾经无私资助过孙文的宫崎滔天第二自居。日军上层一直怀疑这两个缅甸年轻志士的能力，始终不愿为其流亡提供资金。铃木和他的属下杉井满介变卖自己的家当来为这两名流亡志士提供食宿日用，当然，也包括招游妓的费用。

在日本居住了三个月后，对日本既忧虑又期望的昂山回到缅甸，他和杉井假扮船员潜回缅甸，开始招募志士偷渡到日本，有三十个人先后来到日本，这些人被称为"三十志士"。他们被集中在海南岛进行秘密训练，铃木敬司成了这群缅甸志士的训练官。在海南炽热的烈日炙烤之下，缅甸的命运就这样与日本捆绑在了一起。

挎日本战刀与盟军合作

昂山于1941年12月珍珠港事变后回到缅甸，他带领的一支以"三十志士"为核心的武装部队迅速扩张，成了缅甸人独立的希望所在。1942年1月4日，日军大举进攻缅甸，昂山率领独立军分三路配合日军进攻，与英军展开战斗。1月21日，东条英机在东京帝国会议发表演讲，声称"日军进攻缅甸的目的是扫除英国势力，解放缅甸民众，支援其独立的夙愿"。在日本支持缅甸独立的许诺下，仅仅六个月的时间，日本就在独立军的协助下占领了缅甸。

转折在战争尚未结束时就发生了，3月8日，日缅联军攻占仰光，日军第15军司令饭田祥二郎却发表政治纲要，对缅甸的独立，不许诺其时期及形态，将独立问题完全搁置。

得知消息的昂山感到万分失望，而自视为缅甸解放者的铃木敬司则公开表示拒不接受上司意见，甚至扬言，倘使战后不允许缅甸独立，他将根据事态率领独立军对日军举起反旗。

6月10日，已经占领了整个缅甸的日军以"任务已经完成"为由，将铃木敬司解职，而昂山的缅甸独立军也在6天前被解除了地方行政组织的领导权。昂山和他的独立军成员发现，引入日本的力量来反抗英国，就像是引虎驱狼。

另一场独立的战斗开始了，这一次昂山更小心，更谨慎，也更学会收敛锋芒，韬光养晦，他沉默的本性再一次帮了他大忙。1943年3月，在东京接受日本天皇授以少将勋章时，他沉默不语；8月1日，所谓的缅甸独立仪式进行开始时，他仍然冷眼旁观。他学会机械般地倾听命令，却在私下打折扣的遵守；他也学会了用鞠躬来掩饰自己刚强的自尊，他已经习惯了将自己捆绑在那身日本军服翻版的缅甸国防军军装中，在一幅照片里，他剃了光头，穿着这身日本军装，挎着日式战刀，及膝的日本长靴擦得锃光瓦亮，但整个人却僵硬地坐着，脸上连一丝冰冷的微笑也没有。

1944年底，日本兵败如山倒，昂山开始与丘陵对面的英美联军接触，准备在盟军入侵后，就开启他的第二次独立战争，在军队内部，他也秘密活动，组成了"反法西斯人民自由联盟"地下组织进行秘密抵抗。

1945年3月17日，在日本军队的军乐伴奏下，昂山率领的缅甸国民军步出仰光，走上前线。就在几小时前，他还刚刚与日本军官站在一起，在仰光市政厅前宣示将誓死对抗盟军，但就在离开仰光的一刹那，这些军队即按照计划转往中下缅甸据点。而昂山本人则前往盟军司令部进行谈判。

在谈判桌上，昂山的日本战刀和日本军官大衣让很多在场盟军深感不满，认为此人反复无常。但英军缅甸战区史林姆将军则热情地接待他，他认定昂山是"真心的爱国者，也是头脑清楚的现实主义者。他给我最深刻的印象是诚实"，史林姆力排众议，同意其倒戈投诚。10天后，昂山率领他的缅甸国民军倒戈，到8月4日，日军已经在他们昔日朋友协助的敌人面前纷纷溃退，缅甸战役结束。

血花横溅的前奏

1945年返回缅甸后的首任英国总督雷德纳金·多曼·史密斯，恰恰也是英国离开缅甸时的前任总督。英国人认为，缅甸首要的任务是恢复秩序与重建，所以在此过渡时期，需要由一个临时军政府暂时直接管理所有政务，并与缅甸各方势力一起协作，待恢复工作完成后，在适当的时间举行普选。

昂山和他的同伴无法答应这个建议。在缅甸人的一片声讨声中，多曼·史密斯被解职，代替他的，是得到缅甸人普遍好感的休伯特·兰斯将军。他从一开始就打算调和与昂山及其反对党派之间的关系，双方之间的会面和谈判都很友好，结果是兰斯接受了由反法西斯人民自由联盟提出的建立一个由他们占主体的内阁会议的要求。1946年10月，昂山成为这个内阁的首脑。

到1947年，缅甸的完全独立已经排在了日程表上。1月，昂山率领了一个代表团前往伦敦与艾德礼政府谈判，顺利签订了《昂山-艾德礼协定》，英国政府表示接受缅甸人对自治形式的选择，也很快将会把武装

部队和财政权力移交给昂山的同伴们。

带领英国打赢二战的战时首相丘吉尔，以保守党议员身份公开表示反对这项协定，反对的并不是给予缅甸自治权，而是政府如此迫不及待地将缅甸这个尚在恢复中的残破国家抛给一群年轻的激进分子。丘吉尔坚持认为英国应当肩负起重建缅甸的责任，让缅甸人理解选举和自治的真正含义，然后选择合适的时机有条不紊地交接。而艾德礼政府的行为，则是一场"逃跑"，丘吉尔预言，大英帝国放弃对前殖民地的责任将带来"可怕的文明倒退"，他预言这份协定将是"血花横溅的前奏"。

与此同时，昂山则深深地沉浸在独立即将获得喜悦和对现状的忧虑之中。2月12日，在东北掸邦召开举行的彬龙会议上，昂山竭尽全力以耐心和谅解说服那些非缅族的各大民族加入缅甸联邦，他许诺会在未来独立的国家中给予他们自治权，并且会将他们的要求写入新宪法。但克伦族的族长仍然表示不满意，这个大族在缅甸王朝时期一直受到缅族统治者的不公正待遇，正是英国殖民时期对不同民族分而治之的政策，使他们获得了平等待遇。也因此，在日本入侵缅甸期间，克伦族选择和英国人站在一起，故而

◀ / 1947 年 1 月 23 日，伦敦唐宁街 10 号，昂山（前排右三）率缅甸代表团与英国首相克莱门特·艾德礼（右四）及内阁成员合影，双方商讨缅甸的独立问题

遭到缅甸独立军的残酷屠杀。往事记忆犹新。克伦族并不信任缅族，坚持要求自立一邦，而事实上他们居住的伊洛瓦底和丹那沙林地区已经与缅族人混居，难以分割。旨在联合各民族的《彬龙协议》最终签订，克伦族却没有在上面签字。

昂山也面对他的内部反对者，反法西斯人民自由联盟在4月9日大选中，获得255个席位中的248个，大获全胜，但内部的分歧却已浮现。他的两位同伴吴素和巴盛早在他与艾德礼签订协定时就表示反对，而此时，分歧已经进化为仇恨。

所有的一切矛盾都聚拢在1947年7月19日，并在这一天爆发。上午10点30分，昂山正在仰光庞大的秘书处大厦主持总督执行委员会的会议。非常具有预兆意味的是，正当他们讨论到一周前军械库的两百支布伦式轻机枪失窃的时候，一辆吉普车突然驶来，停在外面，五个穿着军装的人猝然推开会议室大门，接着是布伦枪扫射和倒地的声音，昂山和他的四名部长、一名秘书被当场打死。现场血花横溅。

凶手很快被抓获，供认出他的雇主正是在伦敦反对昂山的吴素，后者很快被逮捕，并和其他8名凶手以谋杀罪处以绞刑。尽管没有任何证据显示英国当局参与了谋杀，但缅甸独立派的报纸则立即将矛头指向英国，反英浪潮再掀狂澜。当1948年1月4日米字旗在瑞金大金塔前落下时，响起的不仅仅是欢呼，还有随之而来的枪声。在之后的日子里，雨林和军装的绿色，以及鲜血和罂粟花的红色，成了这个国家的主要颜色。

7月19日那天留下的并不仅仅是这些，就像吕克·贝松的电影《昂山素季》里所表现的那样，子弹飞向昂山的那一刻，他幼小的女儿，昂山素季，正在椅子上安睡。但，毫无疑问，她很快将会醒来。

（《国家人文历史》2015年3期）

声 明

本书所有文章均选自《文史参考》杂志2010—2012年及《国家人文历史》杂志2013—2016年。由于出版时间所限，我们无法与部分入选文章的作者取得联系，深表歉意。请相关文章作者及时与《国家人文历史》编辑部联系，电话：010-65363314